완전한 내 삶을 향하여

한 가지 **공부가 직업**이 되고
직업의 성공이 가정을 이루고
가정은 인생을 완성하는 길이다.

완전한 내 삶을 향하여

지은이 : 김현식
편집인 : 정주희
발행처 : (사)비전칠드런
등록 : 제2022-26호 (2022년 02월 11일)
주소 : 경기도 용인시 기흥구 언동로 71번길 45
문의 : 전화 1811 - 8361

ISBN : 979-11-977979-1-0 [03190]

완전한
내 삶을 향하여

한 가지 **공부가 직업**이 되고
직업의 성공이 가정을 이루고
가정은 인생을 완성하는 길이다.

김현식 지음

목 차

사람이 세상에 태어나면서 자신의 힘과 능력으로 스스로 태어난 것이 아니라 부모님의 DNA를 이어받아 핏줄을 끈으로 부모님의 육체를 빌려서 10개월 동안 부모님 배 안에서 사람의 생명으로 자란 후에 아무것도 가진 것이나 능력이 없는 상태로 벌거벗고 세상에 태어난 것은 분명한 사실입니다.

모든 사람은 태어나서 스스로 일어서지 못하며 스스로 먹지도 못하고 말을 하지도 못할 때부터 부모님이나 타인이 돌보아 주므로 조금씩 성장하였습니다.

공부는 유치원부터 대학까지 부모님과 선생님에게 의지하였고, 의식주 해결과 경제적인 모든 것도 부모님이나 타인에게 지원을 받거나 의지하여 학업을 마치게 되었지만 성인이 되어서도 스스로 삶을 잘 해결하지 못하고 방황하는 청년들이 많아서 무척 안타까울 뿐입니다.

왜 이런 현실이 발생할까요? 그 이유는 과거 다자녀를 낳는 시대에서 둘만 낳아 잘 키우자는 시대로 바뀌면서 오직 자녀만을 위해 먹여주고 입혀주며 과잉보호하고 공부만을 하도록 정성들여 키워왔기 때문에 자신이 스스로 문제를 해결 하려는 생각을 하지 못하게 되었습니다.

이에 따라 자녀들은 가장 중요한 자립정신을 상실하게 되었으며 스스로 문제를 판단하고 해결하는 능력이 떨어지게 되어 미래에 내가 스스로 살아가야 하는 방향과 목적을 결정하지 못한 채 눈앞에 보이는 공부만 하다가 대학교를 졸업하였지만 공부가 직업으로 이어지지 않아 직업에서 얻어지는 경제적인 능력까지 상실하게 되는 경우가 많습니다.

현대의 세상은 핸드폰으로 보는 가상의 세상과 현재 내가 살아가는 세상과의 차이점이 많아서 청소년들이 육체적으로 부딪치며 살아가는 사회생활에서 혼란스러울 수가 있으며 그 외에 세상 속에서 수많은 어려움이 산재되어 있는 것을 경험하지만 잘 적응하지 못하는 것이 사실입니다.

그러므로 하루하루를 최선을 다해 살아가지 않으면 삶의 어

려움에서 나를 스스로 지키기가 어려울 수 있기에 매일매일 실
질적인 삶의 노력을 통해 자신의 일을 완성하여 만족하는 사람
이 되어야 할 것입니다.

저자는 청소년들이 하루를 마친 후 저녁에는 최선을 다해 살
았던 일들을 통해 성취감을 느끼고 감사할 줄 알며 내일의 계획
을 미리 세우므로 다음날도 새 소망으로 힘차게 일하며 살아가
기를 간절히 원하는 바입니다.

오늘 하루의 완성이 일주일, 한 달, 일 년으로 계속되어 평생
을 완성한다는 생각을 갖는 것이 성공의 시작이라는 것을 명심
하고 꾸준히 실천해야 합니다.

내일 일을 미리 걱정하지 말고 오늘, 지금 하는 공부나 일에
만족하는 결과를 얻어 오늘 하루부터 멋지게 완성시켜 나감으
로 날마다 자신감을 계속 저축하여 미래를 향해 나아가기를 바
라는 것입니다.

"그러므로 내일 일을 위하여 염려하지 말라. 내일 일은 내일이
  염려할 것이요 한 날의 괴로움은 그날로 족하니라."(마 6:34)

하루하루를 최선을 다하여 진실하고 의로운 삶 속에서 자신

에게 주어진 일들을 날마다 잘 완성하며 세상의 모든 악조건을 의롭고 정직한 삶으로 이기며 어느 누구에게도 통제받지 않는 진리 안에서 자유하며 자신 있게 살아가기를 원하는 것입니다.

내가 살아가는 세상에서 자신의 존재감을 확실하게 나타내며 살아가기 위해서는 직업을 완성하는 것을 목표로 삼고 성인이 되기 전에 미래 사회의 직업의 기초가 되는 공부를 열심히 하기를 바랍니다.

또 고등학교 졸업이나 성인이 되어 일찍 부모님을 떠나 미래의 가정을 꾸리는 것을 목표로 살아가는 청소년들이 진로 방향 앞에서 고민하는 소중한 시기에 이 책이 청소년의 앞길을 인도하는 훌륭한 길잡이와 이정표가 되기를 원합니다.

더욱이 이 책은 청소년들이 세상에서 수많은 고통과 고난의 어려움으로부터 좌절하지 않고 세상에 잘 적응하고 직업의 터전을 빨리 마련하여 경제적으로 독립을 하여 가정을 이루는 데 성공할 수 있도록 바른 길을 제시함으로써 청소년들이 미래의 삶의 방향을 올바르게 성공적으로 설정하도록 도와주고자 하는 것입니다.

이 책은 부모가 있는 가정에서 자라온 청소년은 물론이며 위기가정 청소년들과 소년·소녀 가장 청소년들이 성인이 되어 가능한 한 빨리 자신을 위한 직업을 선택하여 안전하게 자리 잡고 미래의 희망을 품고 건강한 가정을 이루어 행복하게 살아가기를 바라는 마음으로 집필하였습니다.

특히 이 책은 '현실'을 바탕으로 기록하였기 때문에 가능한 청소년들의 미래 진로의 가이드북으로 사용되기를 간절히 원합니다.

저자 김현식 드림

직업에 맞는
공부를 잘하여
미래를 준비하라

01

직업에 맞는 공부를 잘하여
미래를 준비하라

내가 태어나기 전 세상은 이미 존재하였다.

우리가 태어나기 전 세상은 이미 많은 문명의 발달이 계속되고 있었습니다.

그러므로 먼저 존재하고 있는 문명과 지식을 따라가기 위해 지식과 기술과 혁신적인 아이디어를 빨리 습득하지 못하면 내가 원하지 않는 일을 하게 되고 다른 사람이 시키는 일을 해야 하며 내 자신의 주관보다는 다른 사람의 요구대로 살아갈 수밖에 없는 것이 현재의 세상입니다.

내가 세상에서 내 주관대로 행복하게 살아가려면 최소한 기본적인 초등학교 공부인 기초를 갖추어야 하고 중, 고등학교에서 직업 공부를 한 다음 사회에 진출한 후에는 나만의 직업에 확실하게 성공하여 경제적인 자립을 해야 자신이 생활하고 있는 삶 속에서 자유롭게 살 수 있습니다.

내 미래 삶에 성공하려면 가장 먼저 내가 잘하는 한 가지 전공과목 공부는 꼭 잘해야 합니다. 그래야 자기만이 잘하는 공부가 직업으로 성공하여 직업에서 얻은 소득을 통해 나와 내 가정을 지키고 더 나은 미래의 삶을 향해 나가게 되는 것입니다.

어린아이가 유치원이나 초등학교에 다닐 때만 해도 각 사람의 아이큐 차이나 각 어린이들의 가정 환경의 차이를 잘 느끼지 못하고 살아갈 수 있습니다.

그러나 나이가 점점 성장하며 친구들과 여러 가지 모습으로 차이를 느끼며 자격지심이나 소외감을 가질 수 있으므로 부모님은 자녀에게 현실을 바탕으로 잘 적응하도록 설명해주어 자신감을 잃지 않고 살아가게 해야 합니다.

현재의 환경을 잘 극복하며 살게 되면 미래의 어려움도 잘 극복할 수 있으므로 현재의 어려움을 잘 견디며 인내와 연단을 몸에 체질화하여 살아가도록 적극적인 격려와 노력이 필요합니다.

그러므로 성장기의 어려움은 꼭 나쁘다고 생각할 필요는 없는 것입니다.

여기에서 가정의 좋은 환경은 분명히 삶이나 학업에도 도움이 많이 되지만 부모의 좋은 환경에만 의지하게 되는 것은 자립심을 잃게 합니다. 특히 어려운 환경과 세상 풍파를 견디며 어렵게 살아온 다른 청소년들과 비교했을 때 성인이 되어 누가 더 유리한 삶을 살아갈지는 아무도 모릅니다. 각자 사람마다 다르며 좋은 환경이 유리할 수도 있겠으나 나쁜 결과를 가져올 수도 있는 것입니다.

그러므로 현재에 각자 자신 앞에 펼쳐진 환경은 어떻게 이해하고 극복하며 미래를 헤쳐 나가느냐에 따라 그 사람의 미래에 대한 확실하고 좋은 삶이 펼쳐지거나 나쁜 삶으로 바뀔 수도 있어서 결과는 예단할 수가 없기에 어려운 환경도 꿋꿋하게 이겨내고 더 좋은 미래를 꿈꾸며 열심을 다하며 살아가야 할 것입니다.

초등학교 기초 공부는 삶에 필수적인 지식이다.

세상에서 아무렇게나 자라는 풀들도 씨앗을 맺어 번식하는 목적은 모든 생명에게 먹이로 제공하고 있는 것처럼 세상에 존재하는 모든 동식물도 창조자의 뜻대로 다른 존재를 위해 살아가는 공의로운 목적에 의해서 존재하고 있습니다.

사람 또한 세상 모든 만물과 함께 충만하지만, 사람은 모든 만물 위에 존재하도록 창조되었으므로 항상 모든 만물들이 공존하는 삶을 유지하도록 도와주며 잘 보존하고 다스려야 하는 공의로운 목적을 가지고 살아가는 것이 인간에 대한 창조자의 뜻이요 인간의 의무인 것입니다.

이 땅에서 살아가는 청소년들도 모두 각자 자신들의 미래 삶의 목적을 가지고 살아가기 위하여 태어났다는 것을 알고 항상 미래를 준비하며 살아가야 합니다.

우리나라 학생들의 공부하는 목적을 살펴보면 무조건 공부를 잘해야 한다는 것과 공부를 잘하면 모든 것이 해결된다는 막연한 생각으로 분명한 목적 없이 공부를 대학까지 공부하고 있다고 해도 과언이 아닐 것입니다.

초, 중학교에서는 목적 없이 무작정 공부만 하다가 고등학교에서는 그저 좋은 대학만 가야 한다는 생각에 사로잡혀 대학을 선택하는 과정에서도 자신의 미래 직업에 맞는 학과를 선택하기보다는 무작정 실력에 맞추어 대충 전공과목을 선택하고 대학에서 공부를 하게 됩니다.

대학을 입학하고도 미래 삶의 분명한 목적 없이 열심 없는 공부를 하므로 대학을 졸업하고도 약 50% 학생들이 자신에게 맞는 직업을 찾지 못하고 실업자가 되어 방황하는 경우가 많습니다.

이는 공부가 직업이 되고, 직업의 성공이 경제적인 자립으로 미래의 가정을 이루는 초석이 되며, 가정의 완성이 인생의 전체의 완성임을 알지 못하므로 공부를 무엇 때문에 하는지 분명한 목적을 인식하지 못하고 공부를 하였기 때문에 직업에 성공하지 못하는 것입니다.

그러므로 우리는 공부하는 목적을 가능한 한 빨리 정하고 목표를 세워 공부해야 합니다.

1) 세상에 살면서 꼭 알아야 할 기본 지식이 초등학교 공부입니다.

초등학교 4학년 정도 되면 세상에서 살아가는데 필요한 지식 곧 읽고 쓰고 계산하는 기본 공부는 모두 하였기에 그 다음에는 미래 직업의 방향을 탐색하고 견학 등 여러 가지 경험을 시작하면서 공부하는 목적을 분명히 살려서 공부를 해야 합니다.

2) 중학교에서는 미래 직업을 1~2가지를 선택하여 이에 맞는 아르바이트나 견학, 체험학습 등을 해본 다음에는 한 가지 직업을 가능한 빨리 선택하여 직업에 맞는 공부를 집중적으로 해야 할 것입니다.

3) 고등학교 1학년부터는 미래 직업이 될 전공과목을 중점적으로 열심히 공부하고 자신을 완성하여 졸업 후 사회에 진출하므로 자신과 가족을 책임질 수 있는 직업과 함께 한평생을 살아가는 것입니다.

4) 더 나아가 대학에서는 고차원적인 공부를 하므로 나와 가족은 물론 더 큰 사회와 수많은 사람을 위하여 교육과 행정, 의료 서비스, 법을 다루는 것과 인류의 미래를 위한 연구 등의 전문적인 지식을 제공해야 함으로 이런 사람은 꼭 대학을 가야합니다.

대학교를 나온 사람은 전문 인력으로서 사회에 꼭 필요한 필수적인 공적인 서비스를 하며 살아가야 하는 사람들이기에 지능지수가 높은 학생들은 이런 일을 해야 합니다.

그러므로 나 자신을 위해 살아가는 일반적인 사회생활의 공부는 초등학교 공부에서 완성되며 직업을 위한 공부는 중, 고등학교를 통해 전공과목 등을 잘하여 졸업 후 직업을 가지므로 이 사회와 가정을 책임질 수 있는 사람으로 완성되어 가는 것입니다.

일반적인 학생들은 대학에 가지 않고 일찍 사회 진출을 하는 것이 좋은 것은 직업을 빨리 선택하게 되면 경제적인 능력도 빨리 생기므로 이로운 점이 많기 때문입니다. 더 나아가 지능지수가 높아서 사회와 인류 미래를 위한 서비스를 하기 위한 공부가 더 필요하다고 생각하는 사람들은 목적이 있는 공부를 더 해야 합니다.

그러나 지금의 청소년들은 일반적인 삶의 지식을 뛰어넘어 많은 사람이 쓰지도 않는 불필요한 지식을 쌓기 위해 대부분 학생들이 대학에 가서 공부를 계속하고 있으나 지능이 낮은 사람은 모두 기억하여 사용하지도 못하게 되므로 국가적으로나 개인적으로 시간, 경제, 인력 등의 낭비를 함으로 내 지능에 맞는 공부와 직업을 잘 선택해야 합니다.

내 지적 수준을 바로 알고 나에게 맞는 공부를 해야 한다.

세상을 살아가는 데 있어 지적인 수준은 크게 나누어 각 사람의 지식이나 재능에 따라 크게 5가지로 분류해 볼 수가 있습니다.

나 자신이 어떤 유형에 속하는지 상세하게 파악하고 어떤 직업을 선택하여 어떤 방법으로 살아가느냐에 따라 미래가 정해지므로 내 지적 수준과 능력에 맞는 직업을 잘 선택해야 하는 것이 필수적입니다.

① 천재적 두뇌로 현 세상을 새롭게 개선해나가는 사람
② 현 세상이 존재하는 그 상태에서 발전시켜 나가는 사람
③ 현 세상에서 자신의 일을 열심히 하며 사는 사람
④ 현재 존재하는 세상을 배우며 따라가는 사람
⑤ 타인에게 의지하며 도움을 받으며 살아가는 사람

상기 분류에서 보듯이 천재적인 두뇌를 보유하고 있는 사람이 있는가 하면 평균적인 사람이 있고 남을 의지하며 살아야 하는 사람도 있으므로 내 위치를 바로 알고 나에게 맞는 일과 직업을 찾아 선택하고 미래를 준비해야 합니다.

모든 사람이 태어날 때는 똑같이 벌거벗은 채로 아무것도 가지지 않고 태어나지만 성장하면서 각 사람의 지적 능력과 가정의 교육 환경과 경제적인 여유와 지역적인 환경 등 주변의 여러 가지 환경이 다르기에 각 사람들은 자신만의 삶에 맞도록 미래 계획을 설정하고 최선을 다해 살아가야 합니다.

부모들은 자녀가 더 좋은 미래를 살아가도록 초등학교 4~6학년의 청소년 시기에 자녀의 아이큐, 재능과 가정 환경이 어느 정도 수준인지 일찍 파악하여 아이들의 수준에 맞는 삶으로 인도하고 도와주어야 합니다.

아이의 노력으로 발전 가능한 지식수준이나 능력, 좋아하는 일 등을 객관적으로 판단해서 미래에 살아갈 직업에 맞는 공부를 일찍부터 시작하므로 실패 없는 인생을 살아가도록 도와주는 것이 무엇보다도 중요합니다.

특히 아이의 재능에 맞는 미래 직업을 초등학교 4학년 때 3가지를 선택하고 아이가 미래에 살아갈 직업의 과정을 관찰하고, 체험학습이나 견학 등을 하면서 아이가 미래에 어떤 직업을 확정할 수 있는지 잘 살펴보아야 합니다.

사회생활의 일반적인 공부는 초등학교 기초 교육이면 충분하므로 그 다음에는 직업에 관한 공부를 한 가지로 선택하여 중, 고등학교까지 열심히 공부하여 미래의 길을 가야 합니다.

한 채용 사이트 조사에 따르면 대학을 졸업하고 평생 자신의 전공을 직업으로 유지하는 비율은 51%로 절반 정도에 그친다고 합니다.

나머지 49% 학생들은 직업으로 이어지지 않을 대학 공부를 위해 비싼 등록금을 내고 시간과 경제적인 낭비를 함으로써 국가적인 인력 낭비와 경제적인 손실과 개인의 아까운 세월을 낭비하고 있었던 것입니다.

현재의 많은 학생들은 자신의 능력과 지능지수를 잘 모르고 대책 없는 공부만 하다가 취업도 잘하지 못하고 있습니다. 무엇보다 대학에서 목적 없는 공부를 한 결과 직업에 정착하지 못하는 것은 큰 문제인 것입니다.

대학 교육의 목적은 국가와 인류사회 발전에 필요한 리더자에 대한 학술의 이론과 응용 방법을 연구하는 것과 국민들에게 새로운 미래를 제시하고 대국민 서비스를 위한 지도자의 자격을 갖추기 위해 공부를 하는 것입니다.

사회의 공의를 위해 기꺼이 지도자가 될 만한 자격은 아이큐가 최소 110~150정도 되는 사람들로 구성되는 것이 좋으며 이들이 대학 공부를 하여 인류의 미래를 위한 연구나 대국민 서비스에 종사하므로 국가의 미래를 이끌어 가게 되는 것입니다.

　그러므로 대학 공부는 고등학교 학생 중에 약 40% 이내의 인원이면 충분한 것으로 판단되기에 나머지 학생들은 고등학교 졸업 후 자신에게 맞는 직업을 일찍 선택하게 되면 젊은 청년 인력이 낭비되지 않을 것입니다.

　특히 청년들이 빨리 일자리를 자리 잡아 자기 직업을 선택하고 경제적인 안정기에 도달하면 자신을 책임지게 되고 가정도 일찍 이루어 사회의 일원으로서 책임을 다하며 살아갈 수가 있는 것입니다.

교육은 각 사람의 지능과 능력에 맞게 해야 한다.

아이큐 분포도를 살펴보면 70 이하로서 학업을 따라갈 수 없는 사람이 약 2.2%. 계속적인 지시에 의해서만 일할 수 있는 사람이 약 71~85가 13.6%. 일반적으로 사회생활을 열심히 하면서 살아가는 사람이 약 86~115가 68.2%. 사회적인 리더와 대국민 서비스를 담당할 수 있는 사람이 약 115~130 사이가 13.6%. 천재적인 두뇌로 연구직이나 많은 지식의 교육과 법을 다루는 사람이 131 이상으로 2.2%인 것을 아래의 표에서 볼 수 있습니다.

지능지수 분포도

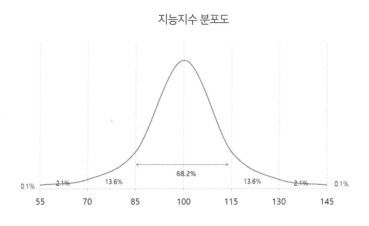

현재 우리나라 중, 고등학교 교육 과정은 아이큐와 개인의 주특기에 상관없이 모든 학생이 같은 수준의 공부를 하고 있는 것이 사실입니다.

초등학교의 경우 사회생활을 위한 기초 교육이므로 똑같이 공부를 할 수도 있지만 중학교부터는 지능지수와 적응도에 따라 학생들을 점점 분류하여 교육하고 자신에게 맞는 수준의 직업 교육을 받아 미래에 각자 살아갈 직업을 빨리 선택하여 좋은 삶의 결과를 얻게 해야 합니다.

과연 지능지수와 상관없이 모든 학생을 계속 같이 공부해야 하는지와 아니면 어떻게 분류해서 단계적으로 공부 잘 시켜야 사회의 각 분야에서 필요한 대로 인력이 양성되어 잘 배치될 수 있는지를 교육 당국과 정부는 깊이 생각해서 빠른 결론을 내야 할 것입니다.

한 가지 방법으로는 고의적인 분류는 학생들이나 학부모들의 반감을 살 수 있으므로 저학년에서 스스로 자신들의 능력을 가능한 한 빨리 알게 하여 고학년으로 갈수록 실력과 재능에 따라 자연스럽게 분류가 되어 스스로 갈 길을 선택하도록 해야 합니다.

모든 학생들이 최소한 중학교에서 자신의 지적 능력을 미리 알고 자신에게 맞는 미래 직업을 선택하고 공부를 하여 자신들의 갈 길을 스스로 알아서 찾아가도록 미리 선행적인 진로 지도를 해야 할 것입니다.

먼저 초등학교 4학년이 되면 학생들의 지능과 좋아하는 취미 등을 파악하고 학부모와 선생님이 학생에게 3가지 정도 직업군을 선택하게 하고 정해진 직업들을 6학년까지 견학이나 체험학습 등으로 미래 직업으로 선택할 수가 있는지 관찰하고 방향을 제시하며 한 가지 직업 쪽을 선택하는 것이 좋을 것입니다.

자연스럽게 미래 직업에 대해 탐구를 하도록 하여 어리지만, 미래의 삶을 상상해 보게 하고 부모님과 선생님의 상담으로 학생의 미래에 직업으로 결정하여 살아갈 일들을 서서히 상상해 결정을 해보는 과정이 필요합니다.

중학교를 들어가면 초등학교에서 선택한 3가지 직업 중 1~2가지를 선택하게 하고 자신의 학업과 연결을 하여 공부하며 자료 수집 등을 하여서 미래의 삶을 지식적으로 알아가며 계속 성장하게 하는 것이 좋습니다.

그리고 중학교에서는 좋아하는 과목을 중심으로 잘하면 전체 교과목을 100으로 하여 학업 점수에 30% 정도를 직업으로 선택한 과목에 +점수로 반영하여 주어서 잘하는 미래 직업의 공부를 중점적으로 더 잘하도록 적극적으로 유도하고 이끌어 주므로 미래 직업에 대하여 확신하고 자신감을 갖도록 해야 합니다.

고등학교를 입학하기 전에는 꼭 한 가지 직업을 선택한 후 직업에 맞는 고등학교를 다니며 자신이 미래에 직업이 될 전공과목의 공부를 집중적으로 하도록 교과목 편성이 되어야 합니다.

고등학교에서는 전체 교과목 학점을 100으로 하여 70% 정도를 전공과목에 반영하고 직업에 해당하는 공부 외에는 기본 지식만 습득하면 되도록 과목편성을 적극적으로 개선하며 가능한 직업군의 공부를 중점적으로 더 잘하도록 유도해서 전공하는 과목을 통달하여 사회에 진출하도록 해야 합니다.

물론 초등학교나 중학교에서 확실한 직업 방향이 결정되었다면 그 분야의 공부를 열심히 하도록 하여 계속 발전시켜 나가는 것이 가장 바람직할 것입니다.

예) 예체능이나 기능적인 반복 교육이 필요한 분야는 더 빨리 직업으로 선택하여 이에 맞는 공부나 연습을 중점적으로 할 때 그 학생의 미래에 큰 도움이 되며 미래의 국가 대표까지 꿈꿀 수가 있을 것입니다.

우리나라 현재 교육에서 예술, 체육을 선택한 학생들은 초등학교나 중학교에서 개인 레슨 등을 일찍부터 받으면서 일반적인 공부까지도 똑같이 하고 있지만 학생이 잘하는 주특기 교육을 더 중점적으로 할 수 있도록 개선되어야 할 것입니다.

대학 입시에서는 중, 고등학교부터 직업 선택을 하지 못한 학생들이 대충 점수에 맞게 대학 학과를 정하고 입학하여 목적이 분명하지 않은 공부를 계속하고 있는 것은 각 학생들의 재능을 소멸시켜 자신의 장점을 잃어버리게 되므로 입시 제도나 교육 방법을 시급히 변경해야 합니다.

최소한 자신이 미래 먹거리로 삼아 살아야 하는 직업 공부는 중학교부터 집중적으로 하도록 하고 고등학교 졸업 후 60% 정도의 학생들은 대학을 진학하지 않고 직업 전선에 바로 취업하여 일하며 직장에서 추가로 직업에 대한 인턴 등 교육을 받으며 성장한다면 국가와 개인의 미래 삶에 큰 도움이 될 것입니다.

미래 직업이 되는 한 가지 공부는 잘하자

우리가 한평생을 살아가는데 필요한 일과 직업은 한 가지 만 잘하면 됩니다.

직업이란 귀천이 없듯이 다른 사람에게 해가 되지 않고 나쁜 일이 아니고 자신을 망가뜨리는 일이 아니라면 어떤 직업을 선택하더라도 그 직업의 일을 성공시켜 자신의 경제적인 이득과 명예를 살리고 미래 가족을 책임지게 되어 세상에서 당당히 살아갈 수가 있습니다.

우리가 학교에서 공부하는 청소년 시기에는 10개 과목 이상을 공부하고 있지만 그 많은 공부를 하였던 것을 성인이 되어 40~60세까지 다 기억하고 있는지 다시 테스트를 해보면 초등학교 자녀의 산수 문제 풀이에도 쩔쩔매는 부모가 대부분인 것을 알 수가 있는 것입니다.

그렇다면 그렇게 열심히 하였던 공부가 다 기억나지도 않고 쓰지도 못하고, 자신의 인생에 큰 도움이 되지도 못하는 공부를 하면서 낭비한 시간은 되찾을 수도 없고 어느 누구도 보상을 해줄 길이 없는 것입니다.

인간이 세상에서 살아가는 시간은 응애하며 태어나는 순간부터 모래시계와 같이 남은 삶이 줄어 들어가는 인생이라는 것을 알고 불필요한 공부를 하는 시간은 줄이고 직업에 맞는 한 가지 공부라도 열심히 하여야 인생에 도움이 될 수가 있을 것입니다.

단언컨대 학교에 다니느라 경제적, 인적, 물적인 손해와 세월만 낭비할 필요가 없기에, 우리가 한평생 살아가는 데 필요 급급한 직업에 대한 공부를 중심으로 해야 하고 나머지 공부는 기본적인 공부만해야 할 것입니다.

사람의 두뇌 지능은 한꺼번에 기억하는 것에 한계가 있어서 컴퓨터를 따라가지 못하나, 그때그때 필요에 따라 응용하는 판단은 세상 어떤 인공지능보다 상황에 잘 대처할 수 있기에 사람마다 자신의 지적 능력에 맞는 직업을 찾아 자기 능력을 발휘한다면 좋은 결과를 이끌어낼 수 있는 것입니다.

법관과 박사같이 고도의 지능이 필요하여 많은 분량을 외우고 기억해야만 할 수 있는 일은 이에 맞는 고도의 지능을 소유한 사람만 공부하면 될 것이며 지능이 낮은 사람이 따라가지도 못하고 사회에서 사용하지도 못할 공부를 하기 위해 대학 진학을 하는 것은 어리석은 판단인 것입니다.

반대로 지능이 낮으나 반복적인 일을 집중해서 잘 마무리 할 수 있는 사람들은 기능적인 직업을 선택해야 하므로 고등학교를 졸업하고 직업 전선에 투입되어 미리부터 자신의 삶을 위하여 살아가면 되는 것입니다.

나 자신의 지능적인 수준을 미리부터 잘 알고 판단하여 각 사람의 수준에 맞는 직업의 길을 간다면 모든 사람이 각자 지능과 적성에 맞는 일을 선택하고 잘하므로 성공적인 삶을 살아갈 것입니다.

각 사람의 지능지수가 높고 낮음은 사람마다 차이가 있을지라도 자신이 할 수 있고 좋아하는 것을 찾아 계속 반복적으로 능력을 키워 나가면 각 사람마다 한 가지 정도는 잘할 수가 있으므로 직업에 성공하여 경제적인 부를 누리며 자신과 가족을 위한 삶을 살아갈 수가 있는 것입니다.

한 가지 공부를 집중적으로 하여 성공하려면 학원을 선택할 때도 잘 못하는 공부를 더 잘하려고 학원에 다닐 필요가 없습니다.

학교와 가정에서 공부를 하고도 공부를 더 하려고 다니는 학원은 자신에게 직업이 될 수 있는 잘하는 공부를 더 잘하기 위하여 학원에 다닌다면 다른 사람보다 한 분야에 더 큰 능력을 발휘할 수 있게 되므로 미래 삶에 더 유리합니다.

결론적으로 내가 잘 할 수 있는 공부 한 가지를 더 잘하여 직업으로 발전시킨다면 아이큐를 뛰어넘어 자신만의 능력으로 자신을 지키며 가족을 책임지면서 살아갈 수가 있으므로 잘 할 수 있는 공부를 더 잘할 수 있도록 최선을 다해야 합니다.

미래 직업에 맞게 공부하면 빨리 성공할 수 있다.

선진국 독일에서는 마이스터 제도가 있어 중학교 졸업만 해도 직업 고등학교에 들어가 듀얼 프로그램을 통해 자신이 성인이 되어 직업으로 발전할 수 있는 한 가지 직업에 대한 이론과 실습수업을 함께 철저하게 받게 됩니다.

중학교를 졸업하고 전문 직업학교를 들어가서 직업에 대한 전문 지식을 쌓은 다음에 고등학교를 졸업하고 해당하는 직장에 들어간 후에는 실습이나 인턴 과정 없이 바로 전문가로 활동을 할 수 있게 됩니다.

그렇게 전문 기술인으로 육성된 인재들은 직업 학교를 졸업한 후 바로 산업 현장에 투입돼 7년가량의 전문적인 실무를 완성하므로 대학교를 졸업한 사람보다 더 높은 보수와 지위를 보장하는 마이스터 자격증을 받을 수 있게 됩니다.

세계적인 기업에서 훌륭한 대우를 받는 과반수의 직원이 마이스터 제도를 통해 배출된 인재임을 알 수 있으며 오히려 일반

대학을 나와 전문적인 기술을 익히려고 할 때는 이미 고등학교를 나와 기술을 익힌 사람에 비하여 기술 능력도 떨어지고 보수도 더 받지 못하게 되는 것입니다.

그러므로 우리나라에서도 초등학교 4~6학년이 되면 부모와 선생님은 학생의 지식수준과 능력에 따라 그 학생에게 맞는 진로를 협의하여 학생에게 맞는 직업을 3개 정도로 선택하고 중학교부터는 일찍 직업 방향을 1~2개로 정하여 공부하도록 하고 고등학교 진학할 때에는 한 가지 선택한 직업의 분야에서 최고 장인과 달인이 되기 위하여 최대한 노력해야 할 것입니다.

개인의 직업 성공은 나뿐만 아니라 가정을 보호하고 안전하게 하며 국가 전반의 생산 기여도를 높여주므로 직업을 통해 가정이 완성되고 국가 경쟁력을 높여주는 초석이 됩니다.

세상에는 다양한 직업이 있으므로 직업의 선택에 따라 공부를 집중적으로 해야 합니다.

내가 일반적으로 인생을 살아가는데 필요한 공부는 초등학교 교과에서 배우는 읽고, 쓰고, 계산하는 공부 교육 과정이면 충분하므로 직업에 맞지 않는 불필요한 공부는 고학년으로 갈수록 최대한 줄이고 전문적인 직업에 대한 지식을 습득하는 것을 집중하여 공부해야 합니다.

그리고 미래의 자신과 가족을 경제적으로 책임지는 직업을 선택할 수 있도록 중, 고등학교에서 전문적인 교육을 받아 숙련공이 되어 사회에 진출해야 합니다.

하지만 법조인, 의사, 행정, 교사, 연구직 등의 직업은 사회 공익을 위한 직업이므로 사회 전반을 리드하기 위하여 지능지수가 높은 사람이 대학 교육을 받아 전문적인 자격을 갖출 수 있도록 해야 할 것입니다.

돈 계산을 평생 하며 살아가는 은행원도 덧셈과 뺄셈, 그리고 곱셈과 나눗셈 외에 수학을 더 이상 쓰지 않고 있는 것이 사실이며 국어 공부도 일반적인 글을 쓰고 소통이 잘 되면 더 이상의 지식을 사용하지 않는 것이 사실입니다.

예) 지능지수가 높아서 금융권에 취업을 하였지만 단순 노동을 하다가 퇴직을 하게 되므로 직장에서 하던 일들은 사회에서 사용할 곳이 없어서 결국에는 높은 지능의 인력이 최저 임금을 받는 사회의 초년생으로 돌아가게 되어 삶에 쩔쩔매는 경우가 많이 있습니다.

그러므로 미래 먹거리가 되는 직업은 오히려 기능적인 직장에서 더 좋은 결과가 많이 나와 평생 동안 안정적인 삶을 살아가게 되므로 이에 해당하는 공부와 직업의 완성을 위해 중점적으로 노력해야 할 것입니다.

소크라테스는 "너 자신을 알라"는 유명한 말을 남겼습니다. 그렇습니다.
내가 어떤 능력과 지식과 재능이 있는 존재인지 하루빨리 파악하여야 합니다.
내 지능과 지식으로 잘 할 수 있는 능력을 알아야 내 인생에서 무엇을 해야 할 것인지 알 수 있으므로 적극적으로 최대한 빨리 파악해야 합니다.

무조건 공부를 잘한다고 사회에 진출하여 세상 삶에서 성공하는 것도 아니고, 무조건 대학 공부를 한다고 해서 취업이 잘 되는 것도 아닙니다.

아이큐가 낮아 따라가지도 못하는 대학 공부를 하였지만 다 기억하지도, 써먹지 못하는 공부는 처음부터 길을 잘 못 가는 것과 같으며 차라리 가지 않는 것만도 못하므로 중학교부터는 각자 지능지수와 취미 등 능력에 맞는 공부에 집중함으로 자신에게 맞는 길을 빨리 찾아가야 할 것입니다.

교육 당국에서도 현재의 끝도 없는 다분야의 지식만 모든 학생들에게 공급할 것이 아니라 직업에 맞는 공부를 세분화해서 교과목을 편성하고 공부가 결국은 직업이 되도록 하여 각 개인의 미래에 안전한 삶을 보장받게 하고 국가 경제에 이바지하게 해야 할 것입니다.

특히 시험을 통해 극단적으로 줄을 세워 경쟁을 붙이는 개인주의 양성이 계속되면서 한참 뛰어 놀며 사회성을 길러야 하는 시기에 시험의 스트레스를 받으며 부모나 학교의 공부에 대한 압박감으로 자립정신을 잃게 하고 있는 것은 큰 문제인 것입니다.

학생들은 학교 성적에 관계없이 자신의 장점을 살리는 한 가지 직업에 관한 공부를 중심으로 하여 시험의 부담에서 벗어나도록 해야 하며 각 개인 특성을 살려 공부를 하여 미래 설계를 체계적으로 하고 다양한 인성 교육과 함께 공동체 생활과 미래 가정의 삶을 위한 사전 교육을 해야 할 것입니다.

잘하는 공부가 직업이 되어 미래 가정을 보호한다.

사람은 자기가 사랑하는 사람을 지키며 유익하게 하므로 그 사람이 즐거워하는 모습을 볼 때 최고의 행복을 느끼지만 만약 내가 사랑하는 사람이 옆에 있으나 아무것도 해줄 수 없고 베풀 것이 없다면 정말로 안타까움 속에서 살아갈 수밖에 없을 것입니다.

내가 하고 있는 공부가 내 미래의 직업이 되어 나를 지키고 내가 가장 사랑하는 아내와 자녀를 위해 가정을 안정되게 하며 가정을 책임지는 삶의 기초가 되므로 내가 잘하는 공부가 미래 직업이 되도록 열심히 공부해야 합니다.

또 내가 특별하게 모든 과목에서 뛰어난 성적을 올리고 있고 능력이 많은 두뇌를 가졌다면 국가나 국민을 위하고 더 나아가 인류를 위해 공적으로 할 일을 생각해서 모든 공부를 더 열심히 해야 할 것입니다.

하나님께서는 모든 사람이 각자 가지고 있는 재능을 성장시켜서 세상에서 살아가는 동안 그 재능을 나뿐만 아니라 세상의 모든 사람을 위해 서로 도우며 공존하도록 인간을 창조하였습니다.

내 재능이 다른 사람에게 도움이 되도록 서로가 각자의 능력으로 섬겨주고 나누어주며 도와주는 삶을 살아가므로 모든 사

람이 함께 더불어 살아가는 공의로운 하나님 나라를 완성하시
길 원하시는 것입니다.

> "주라 그리하면 너희에게 줄 것이니 곧 후히 되어 누르고 흔들
> 어 넘치도록 하여 너희에게 안겨 주리라 너희가 헤아리는 그
> 헤아림으로 너희도 헤아림을 도로 받을 것이니라."(눅 6:38)

세상에는 미생물부터 실물, 곤충, 동물과 사람까지 모든 것들
이 나 자신을 위해 생존하는 것 같으나 사실은 모든 만물이 충
만하여 다른 존재를 위해 또다시 존재한다는 사실을 바로 알고
살면 욕심을 내려놓고 서로 공존하므로 모든 만물이 행복하게
살아갈 수 있는 것입니다.

내 노력으로 이룬 직업의 성공은 그 일의 능력을 발휘하므로
가족과 이웃과 사회에 도움을 주며 내 가족의 기쁨과 풍요로움
이 되며, 내가 성공시킨 직업의 실력과 지혜는 자녀들에게 물려
줄 유산이 되어 자손 대대로 발전하고 성장하는 가장 귀하고 영
원한 지혜와 행복이 될 것입니다.

잘하는 공부가 나를 높여주고 안전하게 한다.

공부를 잘하려면 먼저 내가 성인이 되어 살아갈 미래 계획을 잘 세워서 체계적으로 공부를 시작하는 것이 무엇보다도 중요합니다.

옛 속담에 "뱁새가 황새 따라가다 가랑이가 찢어진다"라는 말이 있듯이 평소에 공부를 등한시하고 게으르게 살다가 갑자기 천둥·번개 치듯이 공부한다고 해서 갑자기 천재가 되어 실력이 늘어나는 것은 아닙니다.

특히 국·영·수는 단계적으로 계속 꾸준하게 공부해야 자신이 원하는 수준에 도달할 수가 있어서 철저한 계획을 세워서 날마다 쉬지 않고 자신이 목표하는 공부를 지속적으로 하여야 좋은 결과를 얻을 것입니다.

그러나 국·영·수 공부를 잘하지 못한다고 낙심하지 않아도 되는 것은 직업 전선에서 일반적으로 사용되는 공부는 대부분 초등학교에서 배운 읽고 쓰고 단순한 계산을 하는 지식을 사용하게 되기 때문입니다.

그러므로 우선 미래 직업이 될 전공과목을 집중해서 공부하여 사회에 진출 후 직업에 달인이 되도록 노력하며 직업에 필요한 자격증을 따고 직업에 관한 지적인 공부뿐만 아니라 기능적인 능력에도 달인이 되도록 최선을 다해야 합니다.

우리가 모든 공부를 잘하기가 어려운 것은 통상 국·영·수를 잘하는 학생들은 대부분 예체능을 잘하지 못하는 경우도 얼마든지 찾아볼 수가 있기에 모든 과목의 공부를 다 잘한다고 할지라도 사회에서 모두 사용하는 것은 더욱더 아니므로 그중 가장 잘하는 공부를 직업으로 선택하면 좋을 것입니다.

많은 교과목이 있지만 학생들마다 자신이 잘하고 취미가 있는 과목이 있고 집중력이 있는 학생들이 있는가 하면 집중력이 떨어져도 예체능을 잘하는 학생이 있는 것처럼 아이큐가 모두 달라도 모든 학생이 자신만이 잘할 수 있는 과목과 재능이 있기 마련입니다.

그러므로 사람이 살아가는 길은 각자가 목표를 세우고 달리는 장기 레이스이므로 멀리 내다보고 5년, 10년, 20년 후의 내 완성된 모습을 생각하고 오늘 하루 내가 미래의 삶을 위해 무엇을 완성할 것인지 살피고 작은 것이라도 계획을 잘 세워 실천해야 합니다.

내가 잘하는 공부를 더 열심히 하면 좋은 결실을 얻게 될 것이므로 아무리 어려움이 있다 하더라도 하루하루 미래 직업이 될 수 있는 공부를 조금이라도 더 완성하는 자세가 꼭 필요합니다.

현재 국가 교육은 지능이 낮은 학생들에게도 불필요한 많은 과목의 공부를 시켜서 한 가지 직업 공부도 집중적으로 하지 못하므로 자신이 먹거리로 삼아 살아갈 직업을 확정하지 못하게 되어 삶의 방향을 잃는 경우가 많습니다.

또 질이 높은 교육을 받아야 하는 학생들이 일반 교육을 계속 받고 있어서 천재적인 두뇌를 가지고도 자신에게 맞는 공부를 하지 못하여 창의적인 인재가 배출되기 어려운 것도 사실입니다.

일반적인 어린아이들은 한 가지를 제대로 하기도 어렵습니다. 그래서 한 가지라도 전문성을 가지고 잘 할 수 있도록 집중적으로 도와줘야 합니다.

정규 교육 과정의 모든 과목을 강요하는 것도 문제이거니와 아이들이 공부를 잘하지 못하는 것에 대해 책망할 필요도 없습니다.

각 사람마다 지능이 다르게 되어 있는 것은 그 지능에 따라 각자가 세상에서 맞이할 소명이 다 다르다는 것을 알고 자신에게 맞게 살아가야 하는 것입니다.

아이들이 성적을 못 받았다고 하여 꾸지람, 책망, 체벌하는 것은 안 됩니다.

교육의 순서는 무작정 암기시키는 것이 아니라 아이들이 먼저 흥미를 느끼고 창의적으로 궁금해 하며 스스로 잘 할 수 있는 부분의 지적 호기심을 불러일으켜 키워나가는 것으로 진행되어야 할 것입니다.

창의성은 인간의 뇌에 기본 탑재된 지적 호기심으로부터 시작되는 것을 잊지 말고 자신이 가야 할 주도적인 공부를 통해 다양한 생각을 하며 세상에 많은 사람에게 공적인 서비스를 제공하는 인재로 성장시켜야 할 것입니다.

공부는 현대 문명 수준으로 나를 높여준다.

사람이 태어나 아무것도 배우지 않고 살아간다면 사람과 사람의 의사소통이 원활하지 않아서 새나 짐승과 다를 바가 없으므로 손발 짓 하며 간단한 소리로 서로 소통하며 어렵게 살아갈 수밖에 없을 것입니다.

그러나 인간은 지능지수가 높고 지혜로워 서로 소통하는 말을 만들어 내고 살아가는 환경에서 손으로 만지고 일하면서 보고 느끼며 생각하는 지식을 계속 성장시켜 축적하므로 오늘날과 같은 고도의 과학 문명에 이르렀습니다.

사람은 현재까지 발달되어 있는 문명의 지식에 지식을 더하는 공부를 계속하기 때문에 인류의 지식은 지속적인 성장을 하며 계속 발전시킬 수가 있으며 앞으로도 계속 무한한 미지의 문명의 세계로 달려갈 수가 있는 것입니다.

오늘날에 태어나는 어린 생명들은 이미 세상이 발전한 만큼 지식을 쌓기 위해 많은 공부를 하여야 이미 고도화된 지식수준에 이르게 되고 또 세상에서 살아가며 더 다양한 지식을 습득하여야 세상의 흐름에 앞서서 잘 살아가며 나만의 독창적인 미래를 완성할 수가 있을 것입니다.

그러나 오늘날 우리는 세상의 지식을 따라가기 위해 유치원부터 대학교까지 약 20여 년 가까이 공부를 하지만 사실은 일부 사람만 그 배운 지식을 사용하고 있으며 대부분의 사람은 자신이 먹고 살기 위한 삶에 얽매여 있으므로 배운 지식을 모두 사용하는 것은 한계가 있습니다.

일반적인 삶을 살아가는 약 80~90% 사람들은 초등학교 수준의 공부만을 사용하는 것이 대부분인 것을 감안하면 삶에서 실제로 사용하지 않는 지식을 배우느라 20여 년 동안 대학까지 다니며 시간 낭비와 경제적인 낭비를 하는 것은 국가적으로 볼 때 경제적인 낭비와 인력 낭비를 하는 것으로 참으로 안타까운 현실입니다.

대부분의 사람들에게 세상 삶에서 필요한 공부는 자신이 직업으로 사용하는 전문 지식인 것을 감안하면 초등학교 이상을 다니는 공부는 고학년으로 갈수록 직업을 중심으로 집중적인 공부를 해야 내 자신과 국가와 사회에도 도움이 되는 것입니다.

또 직업에 정착한 후에는 국가나 역사관 등을 이해하고 자기 삶에 적용해가며 직업이나 일상생활에서 추가로 필요한 지식은 경제적인 능력을 바탕으로 대학교를 가거나 인터넷이나 책을 보고 자신이 알아서 필요한 만큼 공부를 더 하면 되는 것입니다.

전문성이란 '개인이 특정 분야에서 뛰어난 성과를 창출하기 위해 지닌 능력'을 말하기 때문에 우리는 필요하지도 않고 하기

싫은 공부를 억지로 할 이유가 없으며, 관심 있고 재미를 느끼는 분야의 공부만 능동적으로 하며 직업으로 발전시켜 행복하게 잘 살면 되는 것입니다.

지능지수가 높아서 다양한 분야에 전문가가 되는 사람도 있지만, 천재가 아닌 이상 일반인들의 경우 고등학교 졸업 후 일찍이 내 적성에 맞는 직업을 찾아 한 분야에 계속 종사하여 실력을 향상시킬 때 대학을 나온 사람들과 뒤떨어지지 않는 삶을 충분히 살 수 있는 것을 많이 볼 수 있기 때문입니다.

더 나아가 학교에서 공부를 잘하지 못하였더라도 한 가지 일, 직업에 집중하여 성공시킨 사람들은 자신의 직업을 자영업과 사업으로 발전시켜 중년으로 갈수록 큰 부를 누리며 정년이 없는 삶을 살면서 얼마든지 여유를 누리고 평안한 삶을 살게 되는 것입니다.

이것은 일찍 직업을 선택하고 직업에 맞는 공부를 열심히 하며 노력할수록 자신이 정한 목표에 더 빨리 도착하여 행복한 삶을 살 수 있다는 이야기입니다.

내가 스스로 습득한 기술의 능력은 나 외에 아무도 가져갈 수도 없으며 빼앗아 갈 수도 없어서 영원한 나만의 것이며 나를 높여주고 존중해주는 나만이 영원히 간직할 수 있는 보물인 것입니다.

직업에 맞는 공부를 어려서부터 열심히 하여 직업에 일찍 성공하면 직업이 나와 가정을 평생 동안 보호하고 안정시켜주므로 사회생활에서도 자신감을 가지고 살아갈 수 있으며 또 타인에게 존경받고 명예도 얻게 되어 여유 있는 삶을 살며 다른 사람을 도와주고 살 수 있는 것입니다.

공부는 지적 수준을 높여주고 미래 행복을 예약한다.

직업에 맞는 공부를 열심히 하면 내 지적 수준이 높아지고 내가 한 가지라도 월등하게 잘하게 됩니다. 그 결과 잘하는 것이 직업으로 변하여 내 존재를 세상에 확실하게 각인시켜주며 나의 미래 삶의 행복을 예약해 줍니다.

초등학교의 공부는 내가 세상을 살아가는데 필요한 기본적인 지식을 습득하게 하고 삶의 불편을 없애주는 기본적인 삶의 지식을 보장하므로 일정한 지식수준에 도달하도록 공부를 해야 하고, 중. 고등학교에서는 추가로 직업에 관한 공부를 집중적으로 하여 내 삶의 미래를 준비하여야 할 것입니다.

또 내가 잘하는 공부를 통해 미래 직업을 가질 수 있고 직업을 가져야만 경제적인 안정을 얻을 수 있으며 경제적인 안정으로 사랑하는 아내와 가정을 이루고 내 가정의 미래를 보호할 수가 있기에 한 가지 직업이 되는 공부만큼은 절대적으로 잘해야 하는 것입니다.

경제적 안정은 미래에 가정 완성을 뛰어넘어 제2의 삶의 시작을 열어주는 기초와 에너지가 되므로 가정 안에서 인간의 진정한 행복과 가치, 정서적 안정을 이룬 후에 비로소 사회적인 명예와 활발한 활동을 하게 됩니다.

나의 행복을 예약하는 공부를 잘하기 위해서는 공부를 왜 해야 하는지를 바로 인식한 후 공부하는 목적과 목표를 분명히 정하여 최선을 다해야 합니다.

사람이 태어나 한평생을 잘 살아가려면 삶에 대한 분명한 목적과 목표를 정하고 최선을 다해 정진해야 합니다. 그러면 나이가 들어감에 따라 미래 삶을 위해 한 단계씩 계속 성장하므로 점점 성공하는 인생을 살아갈 수 있을 것입니다.

만약 목적이 분명하지 못하다면 갈대와 같은 삶으로 흔들리며 공부를 열심히 하여야 하는 시기에 시간을 허비하고 미래 직업에 대한 준비를 못하게 되어 이성 간의 만남으로 가정을 이루는 책임감도 떨어져 미래 가정에 대한 공동체 의식이나 사회에 대한 공의로운 삶의 목적을 잘 모르게 되므로 자신의 이익만 추구하는 육적인 편의주의 삶을 살아갈 수밖에 없는 것입니다.

그러므로 청소년의 시기에 먼저 공부에 대한 목적을 분명히 하고 다음에는 미래 직업을 잘 준비하여 직업에 전문가가 되어야 빠른 경제적인 독립을 이루어 나를 책임지고 다음에는 가정을 이루어 아내와 자녀들을 책임지며 함께 행복하게 살아갈 수가 있기에 미래에 살아가야 하는 목적을 청소년 시기부터 분명히 배워야 합니다.

내가 미래의 직업으로 삼을 공부는 학생 때 공부한 지식을 사용할 때도 있으나 더 나아가 내가 성인이 되어서 나를 책임지고 지키며 내가 하고 싶은 일들을 마음껏 할 수 있게 해주는 초석과 같은 에너지이므로 공부를 마음껏 할 시간적 여유가 있는 학창 시절에 공부를 집중적으로 해두는 것이 좋습니다.

우리가 미래에 잘 살고 내 영향을 펼쳐 살아가기 위해서는 내게 맞고 내가 잘할 수 있는 직업을 가능한 한 빨리 찾아 정하고, 한 가지 목적과 목표만을 정해 달려가고, 내가 잘 알지 못하고 불확실하거나 계획에 없던 일들은 좋은 점수를 받지 못할지라도 담대히 배제할 필요가 있습니다.

어려서부터 성인이 된 내 미래를 생각하여 직업에 맞는 맞춤 공부를 잘하게 되면 성인이 되었을 때 직업을 빨리 정하여 그에 맞는 지식을 계속 더 열심히 공부하므로 인생을 살아가는데 필요한 실력을 향상시키면서 그 분야에만 몰두하므로 내가 가야 할 길을 확실하게 가는 것이 다른 사람보다 더 빨리 성공하는 지름길이며 나와 가정을 완성하는 초석이 됩니다.

공부는 삶의 무대를 넓혀주고 기회를 많이 준다.

현명한 사람은 기회를 찾지 않고 기회를 창조한다.

- 프랜시스 베이컨

인생의 기회라는 것은 사실 결과론적인 것으로 기회를 잡아 이뤄냈을 때는 성공담의 일환으로 자랑거리가 되겠지만 기회를 잡지 못했을 때는 그저 하나의 감추고 싶었던 과거의 해프닝으로 끝나게 됩니다.

어떤 종교에서는 기회는 인생에 3번 온다고 하였습니다.
그러나 저자의 결론은 3번만 오는 것이 아니라 "지금이 당신에게 가장 좋은 기회다." 그리고 "지금, 이 시간이 가장 중요하다."라고 말씀드리고 싶습니다.

특히 미래에 대한 준비가 되어 있고 모든 일을 능동적으로 대처하는 사람에게는 기회는 계속 찾아오게 되고 기회를 계속 만들어 갈 수 있는 것입니다.

그러나 게으르게 살아가며 내 앞에 있는 기회도 잡지 않으면 나와 아무 상관이 없는 것으로 지나간 시간은 절대로 잡을 수도 되돌릴 수도 없는 것입니다.

인생은 태어날 때부터 죽음으로 가는 모래시계 속에서 살아가고 있다는 것을 명심하고 지금 해야 할 일을 망설이지 말고 충실하게 실천하면서 내가 목적하는 일들을 끊임없이 이루려고 최선을 다하여야 후회 없는 인생 삶을 살아갈 수 있는 것입니다.

지식으로 이룬 세상의 넓은 무대는 쟁취한 자만의 것이며 누가 빼앗아 가지도 빼앗아 갈 수도 없으며 내 삶을 안전하게 하고 나를 명예롭게 하는 것입니다.

그러나 아무리 좋은 기회와 지식도 잡지 않아 내 손에 아무 능력도 없는 사람은 더욱더 기회는 없을 것이며 지나간 시간은 다시 돌아오지도 않을 것이므로 내 앞에 다가오는 기회는 놓치지 말고 최선을 다해 잡아 내 것으로 만들고 활용해야 합니다.

공부의 결과는 직업이고, 직업은 곧 경제력으로 가정과 연결됩니다.

 직업의 공부와 노력으로 성취한 경제력은 내 미래 삶을 지탱해주고 가정을 시작할 수 있는 필요조건이며 에너지가 됩니다.

 그렇기 때문에 학창 시절에 직업 공부를 소홀히 해선 안 되는 것입니다.

 내가 하는 직업 공부는 내 삶에 더 넓은 미래를 열어주고 더 많은 기회를 주며 더 많은 명예와 권력과 부를 내어주는 열쇠와 관문인 것을 명심해야 하며 지금 이 시각부터 목적을 정하고 목표를 세워 힘차게 뛰기를 강력히 권합니다.

 결론적으로 기회를 잡기 위해서는 자신이 잘하는 분야에 재능의 준비가 되어 있어야 하고 끝없이 노력하는 인내와 도전정신이 살아 있어야 오는 기회를 놓치지 않고 잡을 수가 있습니다.

 이 모든 결과는 모두 직업 공부에서 시작되며 직업에 맞는 공부를 열심히 해야 직업의 완성으로 내가 당당하게 살아갈 수 있습니다.

 내가 잘하는 공부가 나를 성공으로 이끄는 것임을 분명히 깨달아 가만 놓아두면 지나가 버리는 시간에 투자하여 기회를 놓치지 않도록 나에게 맞는 직업 공부를 열심히 하여 지식과 경제의 열차에 탑승하는 자가 되시기를 바랍니다.

열심히 한 만큼 높아지고 아는 만큼 많이 보인다.

공부를 열심히 하여 지식이 향상되면 세상에 복잡한 지식을 더 많이 이해하고 더 깊은 지식을 알 수 있으며 더 넓은 세계로 나아갈 수가 있으므로 열심히 한 공부의 지혜는 그만큼 더 많이 알게 되어서 나와 세상을 더 좋은 미래로 이끌어 나가는 원동력이 되어 위대한 삶을 살아가게 될 것입니다.

그러나 전해 내려온 말에 의하면 여러 가지 직업을 가지면 밥 먹고 살기 어렵다는 말이 있고 자격증이 여러 개 있는 사람 가운데 일 잘하는 사람이 없다는 말도 있듯이 한 가지 일과 직업에 집중하는 사람이 더 잘되고 경제적인 부도 누릴 기회를 더 많이 잡게 되는 것입니다.

사람이 살아가는데 필요한 직업은 잘하는 한 가지 직업이면 충분하다는 것입니다. 그런 까닭에 직업의 종류를 가리지 않고 나쁜 일과 남에게 해가 되는 일이 아니면 무엇이든지 내게 맞는 직업 한 가지만 선택하여 발전시키여 합니다. 그러면 그 직업이 내가 살아가는 세상에서 나를 지키고 나에게 명예도 주며 내 가정을 책임지게 될 것입니다.

경험을 통해 쌓은 지식은 누가 빼앗으려 해도 빼앗기지 않으며 성공한 지식은 직업과 사업으로 연결시켜 발전시킬 때에는 막대한 부와 지위와 명예도 얻을 수 있게 되는 것을 알아야 합니다.

무슨 직업이든지 내가 직업에 리더가 되어 아랫사람을 다스리고 양육할 수 있을 정도로 노력하여 직업에 대한 지식수준을 높여야 합니다.

누구나 쉽게 할 수 있는 수준의 지식이나 일반적인 노력으로는 성취의 기쁨을 누릴 수가 없으므로 목표는 높게 잡고 끝까지 완주하도록 노력해야 합니다.

밧줄 타기도 공중에 높게 설치되어 있는 밧줄에서 위험을 감수하고 성공했을 때 비로소 성취감을 누릴 수 있는 것처럼 낮게 설치되어 있는 밧줄 위를 타서는 성취의 행복을 느낄 수 없습니다.

내 직업 분야에 전문 지식을 쌓으면서도 내가 생활하는 환경에서 벗어나 다양한 사람을 만나고 경험을 하면서 실패를 통해 배우고 더 높고 더 넓은 자신의 그릇을 만들어 가는 과정이 필요하며, 세상은 넓으므로 내 지식을 쌓은 만큼 더 많이 보이고 세상을 더 많이 정복하게 되고 더 넓은 세상을 다스리게 됩니다.

미래 삶을 위해 크게 생각하고 멀리 보아라.

저자는 초등학교와 중학교에 다닐 때 공부는 뒤로 하고 친구들과 배구, 축구를 하며 놀기만을 좋아하다가 중학교를 졸업한 후에 공업 고등학교를 들어가서 처음 시험을 보았는데 최하위 점수가 나온 것을 보고 깜짝 놀랐습니다.

초등학교에 다닐 때는 7km의 길을 비가 오나 눈이 와도 먼 길을 걸어 다니며 공부는 하는 둥 마는 둥 대충 학교에 다니며 집에 와서는 부모님이 하시는 농사일을 돕고 잔심부름을 하면서 공부를 뒷전으로 하고 살았습니다.

중학교 다닐 때는 평소에 놀기만 하다가 시험을 볼 때 선생님이 시험 범위를 자세하게 알려 주셔서 시험 때만 잠깐 집중적으로 공부를 하면 시험점수가 잘 나와 공부를 열심히 해야 한다는 생각 없이 항상 놀기만 좋아하며 대충 학교에 다녔던 것이 사실입니다.

그러나 고등학교에 입학하여 국·영·수 과목은 중학교 때 대충 하였던 결과로 도저히 따라갈 수가 없었으나 전공과목은 모든 학생이 고등학교에서 처음 배우는 것임으로 내가 미래 직업으로 선택한 과목으로서 내가 졸업 후 사회에 진출하게 되면 직업이 되는 과목이므로 전공과목의 공부를 최선을 다해 노력하였습니다.

중학교에서 등한시했던 공부는 기초 지식이 부족하여 더 이상 잘하기가 어려웠습니다.

그래서 고등학교에서 새롭게 배우는 미래의 직업으로 연결되는 건축과 전공과목을 열심히 공부한 결과 입학할 때는 최하위 점수였으나 졸업할 때는 10% 이내의 상위 점수로 졸업하게 되었습니다.

고등학교 졸업 후 사회에 진출하여서도 틈틈이 직업에 관한 공부를 계속하면서 직업에 성공한 결과 고등학교를 졸업한 15년째 되던 시기에 종합건설회사를 개업하여 CEO로 유능한 경영자가 되었습니다.

　그 후 대학 5곳에서 직업에 도움이 되는 경영자, 부동산 컨설팅, 부동산 개발과정의 공부를 추가로 하여 다른 사람들보다 더 전문적인 지식을 쌓아 사업에 큰 도움이 되어 사업과 경제적으로 성공하여 부유하게 살면서 지금은 많은 기부도 하며 여유로운 삶을 살고 있습니다.

　당장 내 성적보다 더 중요한 것은 나의 미래를 어떻게 설계하고 어떤 목적으로 살아갈 것을 정하여 내가 얼마나 노력을 끊임없이 하느냐에 달려 있으므로 내 삶의 목표를 바로 알고 멀리 보면서 계획은 원대하게 세우고 하루하루를 최선을 다해 노력하면 시간적인 것은 차이가 있을 수 있으나 반드시 성공의 깃발을 꽂을 때가 오는 것입니다.

　내가 계획하는 일의 목적에 포기하지 않고 계속 도전한다면 중간에 실패하더라도 성공의 발판이 되는 경험으로 바뀌어 성공한 후에는 과거의 실패가 내 성공담 중 하나의 소중한 에피소드로 변할 것입니다.

　그러므로 주변 사람의 말에 좌우되지 말고 절대로 따라 하거나 따라가지 말고 내 중심을 잡고 내 삶에서 직업을 중심으로 변함없이 성장하여야 흔들리지 않는 성공으로 미래 삶을 안전하게 살아갈 수가 있는 것입니다.

골프선수 박세리는 "나쁜 경험은 없다"라고 생각하며 슬럼프가 올 때도 최고의 목표를 바라보고 성적에 상관하지 않고 끝없이 연습하고 도전하므로 최고의 프로선수가 되었다는 것을 조언하였습니다.

과거의 실패나 문제는 경험과 참고 자료일 뿐 미래의 걸림돌이 될 수 없습니다. 오직 미래의 성공은 한 가지 일에 최선을 다하며 줄기찬 노력으로 전진하였을 때 결국 성공하게 된다는 사실입니다.

당장 앞에 주어진 시간에 조급하지 말고 5~10년 후 더 완성된 나를 생각하며 어떤 어려운 일이 닥치더라도 이에 굴복하지 않고 자신을 인내하고 연단하며 미래에 소망을 꿈꾸어 성공한 나 자신을 바라보고 한 가지 목표를 향해 나아가며 할 수 있다는 생각으로 계속 전진하시길 바랍니다.

사람이 걸을 때 땅만 보고 걸으면 넓은 세상을 보지 못하고 코앞의 돌부리만 바라보고 걷다가 결국은 돌부리에 걸리거나 스텝이 꼬여 넘어지게 되므로 지금 하는 일에만 전전긍긍하지 말고 멀리 내다보고 순간의 문제를 뛰어넘어 당장 좋은 결과가 없더라도 인내하며 꿋꿋하게 목표를 향하여 계속 나가면 좋은 결실을 얻을 것입니다.

높은 산의 정상을 바라보고 한여름에는 땀을 뻘뻘 흘리며 올라가고, 한겨울에는 추위에 달달 떨며 계속 오르는 사람은 결국 정상에서 넓은 세상을 내려다보고 자신에게 잘했다고 위로하고 칭찬하며 큰 만족을 하게 될 것입니다.

내가 멀리 보고 완성시켜야 할 최종 목적은 한 인간인 나의 완성입니다.
"가장 먼저 극복해야 하는 것은 나 자신이다"라는 것을 잊지 말고 내 육신의 게으름을 정신적으로 극복하고 자신이 세운 목표를 향해 전진해야 할 것입니다.

그러기 위해서는 가장 먼저 학교 다닐 때 미래 직업에 도움이 되는 한 가지 공부는 꼭 열심히 하여 자신의 기초를 단단히 한 다음 고등학교를 졸업하거나 성인이 되자마자 직업전선에 뛰어들어 경제적인 독립을 하여 부모님의 품에서 최대한 빨리 떠나 성인으로서 스스로 당당하게 세상을 살아가야 합니다.

성인이 되었다면 이제는 부모님이 자신의 보호 대상도 아니며 자식을 책임져야 하는 존재는 더욱더 아닌 것을 빨리 인정하고 부모님 곁에서 최대한 빨리 떠나 모든 삶을 스스로 해결하기 위해 과감히 자신만의 삶을 걸어가야 합니다.

그리고 내 스스로 직업에 맞는 공부 계획으로 내 삶의 경제적인 완성을 위해 빨리 직업을 구하여 정착하므로 의식주의 모든 것들을 해결할 줄 알아야 성인으로서 최소한의 자기 구실을 할 수 있습니다.

"과거는 참고만 하면 되는 것이며 현재는 열심히 살아가면 되는 것이나 미래는 철저한 계획을 세우고 실천을 하여야 성공할 수 있다"라는 것입니다.

자신의 미래에 대한 믿음은 각 사람마다 시간의 차이는 있으나 미래의 나의 완성된 모습을 바라보고 그 완성된 모습을 스스로 믿고 계속 나아가는 사람은 "믿음은 미래 완료형"이라고 할 수가 있으며 자신을 믿고 최선을 다해 나아가는 사람에게는 시간의 차이는 있을 수 있으나 반드시 성공한 삶이 자신 앞에 이루어지는 것을 믿으시기 바랍니다 (김현식, 『무에서 천까지』참고).

내 지능과 직업에 맞는 공부를 선택하여 잘하라

꼭 참고해야 할 것은 아이큐가 약 110 이하의 학생들은 특별한 목적이 없는 한 고등학교를 졸업하고 일반적인 일이나 기능 직종을 빨리 직업으로 선택해야 자신의 미래를 안정적으로 살아갈 수 있을 것입니다.

기능 직종에서 경제적인 안정을 찾은 후에는 자신이 하는 일을 더 발전적으로 하려고 할 때 추가로 공부가 필요하다고 생각하는 사람만 자신의 직업에 도움이 되는 공부를 더 할 필요가 있는 것입니다.

기능직이라고 해서 대학을 간 사람과 차이가 있다고 생각하겠으나 약 50세가 넘게 되면 오히려 기능직을 잘 선택하였다는 것을 알게 될 것입니다.

대한민국의 현대 사회에서는 일반적인 사업을 하려고 할 때 오히려 기능 직종에서 사업으로 발전시키기가 쉽고 더 안정된 부를 누리며 살아갈 방법이 많기 때문에 직업 이동 없이 나만의 미래를 위해 계속 성장시킬 수 있습니다.

일반적인 자영업자들의 대부분이 이에 해당하는 것으로 정비, 제빵, 식당, 장사, 농업, 어업 등 수많은 업종이 있으며 대부분 사람이 기능직에서 달인이 되어 사업으로 발전하여 안정적으로 성공하는 것을 볼 수가 있습니다.

다른 사람들이 대학교를 입학한다고 하여 나도 무작정 대학을 형식상으로 다니다가 대학을 졸업한 후에는 자존심 때문에 기능적인 직장을 배제하고 정장을 입고 다니는 깨끗한 직장을 구하려다가 결국은 취업에 실패하여 실업자가 많이 발생하는 것입니다.

대학교를 졸업하였으나 자신이 원하는 직장에 취업하지 못한 사람은 결국 자신이 공부를 한 직업의 지식을 사용하지도 못하고 단순 직업인 배달, 판매 등 알바 직업을 선택할 수밖에 없고 최하위 임금을 받는 것으로 만족해야 할 것입니다.

100세 시대를 살아가는 현대에 대기업, 금융업 등에서 종사하는 셀러리맨들은 대부분 약 55세 정도에서 정년을 맞이하게 되는데 그동안 급여 수령은 초기에는 기능직보다 더 많이 받고 편안하게 직장에 다닌 것은 사실입니다.

그러나 여유롭게 받은 월급은 재직 중 수입에 맞게 모두 사용하고 퇴직금까지 중간 정산하여 사용하는 경우가 많기 때문에 퇴직 후에는 전문적인 직업이 없게 되어 경제적으로 어려움을 당하는 경우가 많습니다.

퇴직 후 생활을 보면 기술 없이 직장생활을 하다가 퇴직 후에는 아무것도 할 준비가 되어 있지 않고 기술도 없어서 사회의 초년생으로 바뀌어 최저 임금도 받지 못하는 신세가 되어 최하위 생활 수준으로 전락해 버리게 됩니다.

그러나 기능직이나 기술직은 항상 인력도 부족하고 언제든지 일할 수 있는 자리가 많이 있어서 퇴직 나이가 정해져 있지 않으며 신체가 건강하면 70~80까지도 일하는 경우가 많이 있으므로 노후에서 경제적으로 가정에 구속받지 않고 자유로우며 여유로운 삶을 살 수가 있습니다.

또 기능직에서 일하는 사람들은 처음에는 보조공으로 일하며 임금을 적게 받을 수가 있으나 기술 능력이 커갈수록 임금은 계속 올라가게 되며 특히 지금은 기술직의 사람이 부족하여 임금을 부르는 것이 일당이기에 스스로 일하는 날을 조정할 수도 있으며 자신이 원하는한 정년을 계속 연장할 수 있는 것이 장점입니다.

다시 정리를 해보면 초등학교 4학년에 3가지 직업을 선택하여 견학 등을 해보고 중학교에서 1~2가지 직업으로 압축해서 직업에 맞는 공부를 하고 고등학교에서는 1가지 미래 직업에 맞는 공부를 중심으로 열심히 하여서 졸업 후 일찍 직업에 정착하여 삶에 안전을 찾아야 합니다.

고등학교를 졸업하고 전문적인 기능인으로 사회에 배출되어 기술 분야를 계속 발전시키며 기술의 달인으로 성공의 길을 가게 되면 나중에는 사업가로 발전하여 남부럽지 않은 삶을 살게 될 것입니다.

지능지수가 높아 모든 과목에서 공부를 잘하는 사람은 대학에 들어가서 본인의 능력을 계속 키우고 전공 분야를 더 연구하고 학문의 지식을 더 넓혀 간다면 인류사회에 대한 서비스를 많이 하게 되어 인류가 혜택을 보게 되는 것입니다.

그리고 모든 국민이 서로 필요한 위치에서 각자 최선을 다하게 되어 자신의 직업에 만족을 누리면 취업 걱정도 줄일 수가 있어서 국가 전반으로 인력의 배치가 잘되어 건강한 국가로 계속 발전을 거듭하게 될 것입니다.

그러므로 공부는 내 지능 지수와 미래 직업에 맞게 공부하는 것이 가장 좋고 성공한 삶을 살아갈 수가 있으며 미래에 내가 꾸려야 할 가정과 내가 의지하고 살아야 할 국가의 정책에도 도움이 되는 것입니다.

현재 여성가족부는 청소년이 결국은 가정을 이루게 되므로 청소년들의 성공적인 삶이 미래 가정이 되고 국가의 인구 정책에도 부합되므로 청소년 가족부로 이름을 변경하여 청소년을 중심으로 모든 계획과 실행을 하여 자연스럽게 건강한 가정으로 성장시키는 것이 여러 면에서 좋을 것입니다.

급변하는 사회에서 회사마다 인력이 필요한 직업에 대하여 중. 고등학교에서 맞춤교육을 하려면 10명 이상 종업원을 둔 회사는 매년 1월에 10년 동안 필요한 인력 계획을 국가에 신청하는 제도를 만들어 국가는 각 고등학교에서 이에 맞는 인력을 배출하도록 하면 실업자를 줄일 수가 있을 것입니다.

어렸을 때부터 직업의 방향을 일찍 설정하고 공부하게 되면 자신에게 맞는 맞춤 공부가 직업이 되고 직업이 경제적인 안정을 가져와 결혼도 자신 있게 할 수 있기에 국가 인구 정책을 해결하는 데도 큰 도움이 되어 영원한 자유 대한민국의 성장 틀이 될 것입니다.

다시 말해서 고등학교 졸업 후 일찍 직업을 가지고 경제적인 안정의 바탕으로 가정을 꾸려서 내 가족을 책임지고 모든 사람과 함께 공존하여 살아가려면 어릴 때부터 빠른 직업의 방향을 설정하고 직업에 맞는 공부를 열심히 해야 한다는 지론입니다.

세계적인 성공 신화도 공부로부터 시작된다.

세계를 움직이는 리더들도 우리와 똑같이 유아에서 어린이로 성장하며 공부를 하였지만 특별히 자신만의 집중력을 바탕으로 직업에 대한 끝없는 도전정신과 창의적인 사고를 통해 자신의 새로운 미래 목표를 바라보고 계속 노력하므로 현재의 자신이 원하는 높은 자리에까지 오르게 되었을 것입니다.

우리가 학창 시절에 공부하면서 학교에서 뿐만 아니라 집에서도 공부하고 학교, 학원까지 다니며 20여 년을 공부해야 하는 삶 자체가 공부를 빼면 아무것도 하지 않고 일반적인 삶이 없는 공부벌레가 되어버린 현상을 직시하면 오직 공부를 위해 태어난 사람처럼 보이는 것이 사실입니다.

직업에 맞는 공부를 일찍부터 하므로 일찍 직업을 가지고 경제적인 자유를 누리며 일찍 가정을 꾸려서 아이들도 낳아야 하지만 직업의 목적도 없는 공부를 계속하면서 세월만 보내다가

갈 길을 못 찾아 헤매는 이 젊은이들의 아까운 세월을 어느 누가 보상을 해준다는 말입니까?

이 많은 시간을 투자하여 공부를 열심히 하고도 좋은 결과를 이루지 못한다면 공부를 왜 하여야 하는지 각자 자신들과 부모님들과 국가 교육 당국이 다시 심사숙고하며 고민을 해야 할 것이며 가능한 직업에 맞는 교육 프로그램을 빨리 구성하며 적용해야 할 것입니다.

성공한 리더들을 분석해보면 무언가 하나를 중요하게 생각하고 자기 삶의 목적을 분명하게 설정하고 끝없이 파고들며 어떻게든 이루고야 말겠다는 남다른 집요함으로 계속 노력하여 성공하는 경우가 많습니다.

그러므로 각 사람마다 자신이 원하는 수준의 지식과 직업에 도전하여 성과가 나타날 때까지 좀처럼 물러서지 않고 남다른 집념과 섬세함으로 계속 노력하는 인내와 연단이 필요합니다.

천재니까 성공한 리더가 될 것이라는 고정 관념은 접어버리고 천재가 한 번 읽어서 알 수 있다면 지능이 낮은 나는 5~10번 읽어서라도 터득하겠다는 신념으로 계속 노력하면 절대로 잊어버리지 않게 되어 영원한 내 지식이 됩니다.

수없이 반복하여 얻은 경험의 성과는 천재가 단 한 번에 이루어낸 결과보다 실수가 적을 뿐만 아니라 성취감으로 살아가게 되며 더 큰 일을 향해 한 걸음씩 나아갈 자신감을 얻기 때문에 무너지지 않는 안전한 인생을 살아가게 될 것입니다.

그래서 "경험이 천재보다 낫다"라는 명언이 존재하는 것입니다.

공부뿐만 아니라 서로 어울리는 삶을 배워라.

학생들이 학교에서 공부만 할 것이 아니라 학교에 다니면서 많은 학생과 서로 교류하며 그룹 활동을 통해 같은 동료들끼리 어울리고 협의하고 조율하면서 함께하는 사회성을 서로 배우고 공의로운 질서의 삶 안에서 진실하고 의로운 삶을 서로에게 공유하며 함께 공존하고 살아가는 질서와 자유 민주주의 중요성을 깨닫는 것이 필요합니다.

12~15세 소년기는 특히 이성을 배우고 알게 되며 부모의 말과 행동 등 모든 것을 보고 따라 하기 때문에 이 시기에는 특별히 건강한 성교육이 필요합니다.

남녀 간의 교제를 자유롭게 하면서도 남녀 간에 지켜야 할 존중과 섬김, 양보와 화합 등을 바탕으로 서로를 알아가며 사랑하면서 서로의 공통점이나 이질감을 확인하고 협의하고 양보하는 삶을 배우며 함께 살아가야 합니다.

미래 세상에서 살아갈 복잡한 문제를 서로 이야기하며 해결하는 법을 서로 교제를 하면서 배우고 서로 화합하며 조율하고 서로 도와주면서 살아가는 삶을 학교 안에 공동체적인 활동에서 배워야 합니다.

더 나아가 다른 사람들과 어울려 놀기도 하며 공부하는 문화를 형성하면서 내게 맞는 미래 직업이 되는 공부를 중점적으로 하여 성인이 되었을 때 자연스럽게 사회의 일원으로서 모든 사람과 함께 살아가는 삶을 배워야 합니다.

미래 사회에서 살아가야 하는 공의롭고 공동된 삶을 학교 안에서 연습해야 청년이 되었을 때 연애도 자유롭게 하며 일찍 배필을 찾아 만나서 서로 공존하며 가정을 이루면서 살아가게 될 것입니다.

현재 청소년들은 오직 일반적인 공부에만 매달리며 선생님과 부모의 생각 안에서 틀에 박힌 삶을 살다가 자신의 미래 먹거리가 되고 자신을 지켜주며 안정된 삶을 보장해주는 직업에 성공하지 못하여 결국에는 경제적인 능력도 상실하게 되어 결혼도 포기하고 캥거루족이 된 사람이 많이 있습니다.

　이것은 자신이 직업에 대한 공부를 하지 않으므로 생긴 결과이기도 합니다. 그래서 직업을 찾지 못하며 스스로 경제적인 능력도 이룰 수가 없어서 결국 자신이 판단하고 결정하면서 살아야 하는 세상에서 자유로운 삶의 방법을 스스로 포기하게 되고 경제적인 능력 또한 없게 되어 청년이 되어서도 결혼해야 하는 짝을 찾는 것도 포기하게 되는 것입니다.

　직업의 미완성은 대인 관계도 실패하게 되어 결국 캥거루족으로 계속 남게 되는 것을 깊이 생각하고 지금 즉시 자신이 할 수 있는 어떤 직업이든지 선택하여 열심을 다하므로 자신의 삶을 안정시켜 자유로운 삶으로 나아가도록 자신의 미래를 향하여 적극적으로 방향 전환을 해야 할 것입니다.

　지금 학생들이 하는 공부를 보면 모든 과목을 중심으로 똑같이 공부하고 있으나 이것은 문제가 되지 않을 수 없습니다. 그런 까닭에 미래의 먹거리가 되고 자신을 완성시켜주는 직업 공부를 중심으로 빨리 전환하여야 합니다.

　자신이 선택한 한 가지 공부를 열심히 하면서 남은 시간에는 미래를 위한 실습이나 직업에 맞는 아르바이트 등으로 경험을 쌓아 미래에 직업에서 성공하여 자신 있게 살아가기 위해선 공부에 대한 목적과 목표를 분명히 정하여 한번 살아가는 미래 완성을 위해 열심을 다해 뛰어야 할 것입니다.

예) 초등학교 때 한 달에 1번씩 다양한 직업들을 체험 및 견학 해보고, 중학교에 올라가 일주일에 1번 이상 직업 실습, 아르바이트를 해본 후 직업을 정한 뒤 고등학교에서는 정한 직업에 전심전력을 다하여 공부할 수 있는 시간 중 50% 이상을 투자해 미리부터 직업에 올인한 사람은 누구보다 빨리 성공을 쟁취할 수 있을 것입니다.

직업인 일에
성공하면
평생 나를 지킨다.

02

직업인 일에 성공하면
평생 나를 지킨다.

미래 방향을 직업에 맞게 설정하라.

내가 직업으로 선택한 일에서 성공하면 그 대가로 경제적인 안정을 얻게 되어 내 삶이 보다 자유로워지며 내가 이루는 가정을 지킬 수가 있으며 부모와 아내와 아이들과 행복하게 살아가는 것이 보장되므로 직업의 안정은 가장 표준적인 인간의 삶에 목표라고 말할 수가 있을 것입니다.

직업과 행복의 두 마리 토끼를 모두 잡기 위해서는 무엇보다도 직업에 대한 공부라는 첫 단추를 잘 끼우고 출발하여 직업에 잘 정착해야 할 것입니다.

어려서부터 초등학교에서 기본적인 공부를 열심히 한 다음에는 무엇보다도 미래 직업을 생각하고 공부를 열심히 잘하여 내 자신이 원하는 직업의 일을 성공시키면 사회생활의 자신감을 얻고 경제적인 이득도 그림자와 같이 따라다니며 내가 살아가는 삶에서 인정받게 되므로 직업의 성공은 일거양득이자 내가 살아가는 세상에서 나를 가장 안전하게 하는 지름길입니다.

그러나 내가 살아가는 삶에서 직업에 잘 성공하기 위해서는 그만큼 노력과 수고가 뒤따르며 직업에서 오는 어려움과 스트레스는 직업의 성공에 대한 확실한 목표 설정과 강한 정신력으로 이겨내야 합니다.

나 자신이 지금은 어리고 부족하고 힘이 없고 경제적으로 부족하지만 "내 미래는 인내하고 연단되면 큰 성공을 이룬다."라는 소망을 마음에 품고 내가 큰 나무로 성장하여 수많은 열매를 맺고 자랑스럽게 서 있는 모습을 상상하며 최선을 다하며 잘 참고 이겨내야 합니다.

사람의 지능은 사용할수록 계속 발전할 수 있고 사람의 모든 능력은 키울수록 더 커지며, 길은 갈수록 더 보여서 더 멀리 가며, 목표는 원대하게 잡고 나아갈수록 미래에 큰 자로 남게 될 것을 기억하시기 바랍니다.

모든 길이 빨리 출발하면 목표에 더 빨리 도착할 수 있듯이 직업과 내가 목표하는 일을 빨리 선택하고 계속 성장시킨다면 그 사람의 성공한 인생도 타인보다 더 빨리 다가와 평안과 기쁨으로 안정된 삶을 살게 될 것입니다.

나를 알아야 미래 계획을 세울 수 있다.

　내가 한평생 살아가는 세상은 여러 번 실습하면서 살아가는 것이 아니라 딱 한 번 살아가는 것이기에 직업을 위한 기초 전공과목 공부를 열심히 하여 안정적인 직업을 가져야만 후회 없는 삶을 살아갈 수 있는 것입니다.

　세상은 가시밭길과 같아서 나 자신을 잘 알고 세상에 잘 적응하도록 내게 맞는 직업을 가능한 빨리 선택하여 직업에 성공하는 전문가가 되어야 직업에서 얻은 경제적인 능력으로 사회생활도 활발하게 되어 성공하는 인생을 살아갈 수가 있는 것입니다.

　내 현실과 맞지 않는 허황되고 두루뭉술한 꿈을 다른 사람이 선택한다고 함부로 그 직업을 따라서 선택한다면 잘못 살아가게 될 수 있습니다. 그러면 내게 원치 않는 일들이 일어나게 되어 결국은 실패하여 경제적인 어려움과 시간 낭비가 되어 많은 후회를 할 수가 있습니다.

직업을 선택할 땐 막상 선택하려고 해도 자신감이 떨어져 무엇을 선택해야 할까 망설이며 접근하기가 어려울 수가 있습니다. 그러므로 부모님과 지인의 조언을 받거나 내가 그동안 잘하는 것들을 생각하며 장래 삶과 연결하여 보고 가능하다고 생각이 되면 과감히 실습이나 아르바이트 같은 가벼운 실천부터 시작하여 적응해 보고 직업을 선택하는 것이 좋습니다.

한번 신중하게 결정한 직업은 절대로 변경하지 않고 끝까지 전심전력을 다하여 전문가가 되도록 성장하면 직업에서 얻은 소득으로 나와 가족을 평안히 살게 하고 내 미래 사회생활을 안정적으로 꾸려나갈 수 있습니다.

미래 직업의 꿈은 초등학교 4학년을 기준으로 초등학교 중반부터 생각하면 좋을 것이나 최소한 중학교에서는 직업을 확실하게 결정하고 공부를 직업에 맞게 하여야 미래 삶을 성공적으로 살아가게 될 것입니다.

저자가 제시하는 진로와 직업 계획 수립 방향은 아래 표와 같습니다.

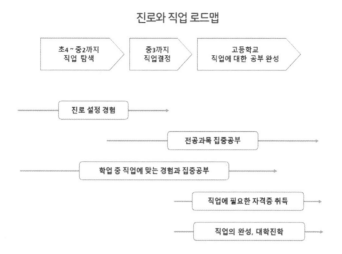

진로와 직업 로드맵

| 초4 ~ 중2까지 직업 탐색 | 중3까지 직업결정 | 고등학교 직업에 대한 공부 완성 |

진로 설정 경험

전공과목 집중공부

학업 중 직업에 맞는 경험과 집중공부

직업에 필요한 자격증 취득

직업의 완성, 대학진학

나의 직업에 따라 나의 미래가 결정된다.

먼저 미래 직업 방향은 초등학교 4학년 정도에서 그동안 생각과 취미 아이큐 등을 분석하여 약 3가지 정도 직업이 될 만한 업종을 선택하여 직업에 대한 장단점을 파악한 후 현장에서 견학이나 체험 학습을 해보고 직업 선택을 하면 도움이 될 것입니다.

직업은 내가 임의로 선택할 수도 있으나 급변하는 사회의 필요에 따라 직업이 없어지거나 새롭게 생겨나는 것도 많이 있으므로 사회에서 인력이 부족한 부분으로 내 능력에 맞게 선택하는 것이 좋을 수가 있으며 사양 산업으로 인하여 소멸하는 직업도 있으므로 미래 사회의 발전 방향을 생각하며 선택하는 것이 좋을 것입니다.

초등학교에서는 단순히 내 생각과 세상에 보이는 눈으로 직업을 선택하였다면 중학교에서는 미래의 내 삶을 생각하며 선택한 직업 중에서 내가 어떤 것을 잘할 수 있는가에 대해서 끊임없이 나에게 반문하고 되새겨보며 내가 잘할 수 있는 것이 무엇인지를 생각하여 신중하게 직업을 선택해야 합니다.

이처럼 고등학교에 가기 전에는 직업을 확실하게 결정하고 고등학교에서는 직업에 관한 공부를 집중적으로 하여 내 직업을 완성하여 사회에 전문가로 진출해야 할 것입니다.

직업을 구체화하기 위해서는 조상으로부터 내려오는 직업도 생각해보고 내가 잘하고 있는 과목을 생각하거나 부모나 선생님과 협의하여 선택하는 것도 좋을 것이며 미래 사회의 변화를 예측하고 내 미래의 삶을 보장받을 수 있는 일을 잘 선택해야 합니다.

직업을 선택할 때 가장 핵심이 되는 부분은 내 지적인 능력과 내 생각과 내가 목표로 하는 것이 무엇인지를 먼저 생각을 해보고 최종적으로 직접 그 일을 하는 사업장을 찾아서 견학이나 체험을 해보고 결정하는 것도 좋을 것입니다.

직업을 선택할 때 많은 사람이 무조건 큰 회사나 월급을 많이 주는 회사에 몰리는 경우가 많이 있으나 많은 사람이 선호한다고 하여 그것을 따라가는 것은 자신의 능력을 배제하고 선택하는 경우로 성공하는 확률이 떨어집니다.

직업이란 어려운 것을 선택하여 어렵게 살아가는 것이 아니라 쉽고 내가 잘하는 일을 선택하여 자신 있게 직업에 성공하므로 내가 경제적인 이득을 얻으며 가족과 평안하게 살아갈 수 있으면 되는 것입니다.

시작부터 허황된 꿈을 좇지 말고 내 지적인 능력과 기능과 가정 환경 등도 고려하여 선택하고 내가 살아갈 미래 환경을 꿈꾸며 설계하면서 나에게 맞는 직업 즉 어떤 직업이 나에게 적합한지 판단해야 합니다.

내 능력에 맞지 않는 일을 선택했을 때, 일 처리를 잘하지 못하여 주변 사람들과 마찰이 생기게 되고 인간관계에서까지 어려움을 당하게 될 수도 있습니다. 그래서 비록 기능직 일지라도 평생 바꾸지 않고 자신 있게 할 수 있는 일을 선택하는 것이 좋습니다.

또 직장에서 열심히 일하여 높은 지위에 오름에 따라 요구되는 지능은 더욱 높아지기 때문에 각종 책임과 부담 등 스트레스를 동반하게 되므로 너무 어려운 일이나 내 수준보다 높은 일을 선택하는 것보다 내가 자신 있게 잘하는 부분의 일을 선택해야 능력이 발휘되고 인정받게 됩니다.

그렇기에 객관적인 기준으로 나를 알고 내 수준에서 맞는 일을 선택하여 미래에 계속 발전 가능한 직업을 선택하는 것이 좋으며 가능한 한 빨리 적응하고 계속 성장시켜서 행복한 미래로 가는 것은 내 인생의 중요한 선택임을 알고 첫 단추를 잘 끼우는 것이 중요합니다.

직업 선택이 어려울 때는 내 수준을 한 단계 낮게 잡고 쉽게 할 수 있는 일부터 시작하면 쉽게 적응하고 잘하게 되어 자신 있게 살아갈 수 있습니다.

이런 경우 다른 사람보다 빨리 성장할 수 있으므로 직업을 선택할 때 3D 업종이라 하여 꼭 배제할 필요는 없고 내가 잘할 수 있다고 생각되면 어떤 직업이든지 적극적으로 선택하는 것이 좋습니다.

가정의 경제 환경을 생각하여 직업을 선택하라.

직업을 선택할 때 내가 지켜야 할 가정의 경제 상황까지 고려하여 가정에 당장 어려움이 있으면 더 쉽게 접근하여 할 수 있는 단계에서 시작하여 경제적인 부분을 우선 해결하고 한 단계 높여 나아가는 것이 좋습니다.

다음 단계로 한 단계씩 올라갈 수 있도록 내가 선택한 직업의 기초를 튼튼히 하여 성장하게 되면 모든 삶의 어려운 문제를 먼저 잘 풀어나가게 되므로 무너지지 않는 삶을 살아가게 될 것입니다.

예) 저자는 군대를 제대하였으나 의식주를 해결할 길이 막막하여 우선 건설 현장에 가서 일주일 동안 잡부 일을 하여 기초적인 돈을 마련하고 그 다음에 기능공 노동 직장을 찾아 6개월을 일하여 잠자리 방을 구하였으며 그 다음에 내가 원하는 건설 회사 직장에 취업하였던 적이 있습니다.

내가 세상에서 원하는 대로 직업을 선택할 수만 있다면 참 좋겠지만, 현실은 그렇게 녹록지 않습니다. 내 지식적인 능력과 내가 잘할 수 있는 분야가 한계에 이를 수 있습니다.

그러므로 주변의 경쟁자까지 고려해야 하며 내가 감당하기 어려운 직업을 선택한다면 경쟁자가 많아서 마음대로 되지 않으므로 세상의 필요에 따라 잘 적응하며 한 단계씩 성장하며 살아야 합니다.

무조건 좋은 직장이라고 하는 대기업, 공무원, 은행원, 교직 등 겉보기에는 화려한 것 같으나 경쟁이 심하므로 탈락자가 많기 때문에 내 수준에 맞는 객관적인 능력과 가정의 경제 상황을 살펴보고 내가 이겨낼 수 있는 정도를 미리 파악한 뒤 미래 계획을 세우며 직업을 선택하면 훨씬 수월합니다.

좋은 직업 교육은 학교나 학원에서 공부를 잘한다고 되는 것이 아닙니다. 학업 중, 방학 때 미래 장래 희망의 직업에 맞는 아르바이트를 하거나 견학을 하는 것 등으로 미리 경험해보며 어려서부터 그 직업에 적합한 사람으로 성장하여 자신이 하고 있는 일을 성공시킬 때 최고의 직업이 되는 것입니다.

우리나라에서 한때는 최고의 부를 누리며 대한민국의 경제 발전의 선봉자였던 고 정주영 회장은 초등학교를 졸업한 사람이었습니다.

정주영 회장은 6·25전쟁 때 초등학교를 졸업한 후 어린 나이에 북한에서 자유 대한민국으로 내려왔던 사람으로 그는 용접사로 시작하여 자동차를 수리하다가 자동차를 만들게 되었으며 조선소를 건설하고 배를 만들었고 각종 대형 건설을 하여 대한민국의 경제 발전에 크게 이바지하였던 위대한 인물로 대한민국의 최고 부자가 되었던 것입니다.

정주영 회장의 일은 어려서부터 기능공이 하는 작은 일이었으나 현장에서 실제로 최선을 다하여 일하면서 기술을 계속 발전시켰으며 그 일에 확실한 책임감으로 눈으로 보고 손으로 만지고 익히며 기술의 노하우를 습득하였습니다.

그리고 현장에서 얻은 경험과 지식을 계속 발전, 성장시켜서 한 가지 분야에서 쌓은 경험의 자신감으로 수십 개의 계열사를 거느리면서 노년에 이르기까지 자신을 최고자가 되도록 이끌어 가신 것입니다.

미국 하버드 대학교 학생 가운데 학업 중 중퇴율이 20%가 넘는다고 합니다.

그 이유는 대학에서 공부하며 연구를 하다가도 자신이 하고 있는 연구 결과가 좋은 직업으로 발전될 가능성이 있으면 학교에 다니다가도 공부는 중단하고 바로 직업 전선에 뛰어드는 경우가 많기 때문입니다.

예) 페이스북 마크 저커버그, 마이크로소프트 빌 게이츠 등이 미국 하버드 대학 중퇴생들이며 석유왕 록펠러는 고등학교 중퇴생입니다.

초등학교에 다니는 목적은 일반 사회에서 필요한 공부를 한다고 가정하면 중, 고, 대학은 결국 직업을 선택하기 위해 직업의 기초 공부를 하는 것이며 좋은 직업을 얻기 위해 학교를 다니는 준비 단계의 학업인 것입니다.

좋은 직업이란 첨단적으로 대박을 노리는 것도 있겠으나 그 것들은 일부 소수만 선택할 수가 있으므로 일반 사람은 자신이 선택한 어떤 직업이라도 계속 발전시켜 자신에게 맞는 직업으로 성장시키면 되는 것입니다.

우리나라에서 통상적으로 기술직이나 3D업종을 배제하는 경우가 많으나 농사의 바탕 없이 사람이 먹고 살수가 없으며 옷을 만들고 건설 노동 없이 첨단 산업은 발전할 수 없기에 오히려 3D업종이 안전한 직업이 될 수 있습니다.

기능직 직종은 금융, 공무원, 대기업보다는 빨리 자기 사업으로 발전하기 쉽고 60세 이후에도 계속 일할 수가 있어서 노후에 정년을 계속 연장할 수가 있으므로 안정적인 삶을 살아가는 것이 장점입니다.

그러므로 3D업종의 직업이라고 해서 무조건 배제하지 말고 내가 잘할 수만 있다면 적극적으로 선택하여 내 직업으로 만들어 성공시키면 대기업 직원이나 공무원보다 더 성공적으로 얼마든지 살아갈 수가 있는 것입니다.

직업을 찾을 때는 거창한 첨단산업만 바라보지 말고 좌, 우를 둘러보고 뒤돌아보면 나에게 맞는 직업은 얼마든지 있는 것입니다.

현실에 맞는 철저한 계획을 세워서 실천하라.

인생의 꿈을 이룬다는 것은 마라톤과 같이 먼 길을 달려가는 것과 같고 인내하며 연단하면서 자신의 한계를 넘어 완주하는 길과 같은 것입니다.

마라톤은 뛰는 사람이 42.195km의 먼 거리를 적당히 뛰어가는 것이 아니라 자신의 한계를 넘어 최선을 다하여 뛸 때 기록이 경신되어 전보다도 더 좋은 결과를 만들어 내는 프로 정신의 운동입니다.

세상이 내게 맞지 않는다고 비판하지 말고 세상 어디인가는 내가 쓰일 곳이 있으므로 내 능력이 허락하는 범위 안에서 직업에 빨리 적응하여 능력을 키우다 보면 결국은 내가 성장하게 되어 다시 세상을 점유하고 다스리며 살아갈 수 있는 것입니다.

직업에는 귀한 직업이나 천한 직업이 따로 있을 수 없습니다. 나쁜 일과 타인에게 피해가 가지 않는 일이면 어떤 일이든 내가 적극적으로 배우고 그 일을 정복하여 내게 맞는 직업으로 만들면 그 직업을 통하여 나를 완성하고 경제적인 이득으로 나를 지키고 가정을 보호해 나간다면 잘살고 행복해지는 것입니다.

각 개인은 재능과 능력이 모두가 다르고 세상에서 쓰임 받는 것도 각자가 다를 수가 있으므로 나만의 장점을 개발하고 그 장점을 최대한 살려서 살아가면 좋은 결과를 얻을 수가 있을 것입니다.

그러므로 내 수준을 무시하고 나에게 맞지 않는 높은 수준의 공부를 하라는 주위의 권유, 좋은 대학을 가는 것만이 유일한 성공의 행로라고 말하는 사회의 권유, 돈만이 최고의 기준이자 완벽한 미래 설계라고 말하는 세상의 기준 등에 흔들리지 마시기 바랍니다.

심지어 다른 사람들에게 보잘것없는 일이라도 내가 잘할 수 있고 내게 맞는 미래 직업이라면 빨리 선택하고 노력하여 그 일을 열심히 하므로 성공하여 경제적으로 자립하는 것이 진정한 성공입니다.

예) 어떤 사람이 실업자가 되어 놀기만 하다가 건물 청소하는 곳에 일당 일이라도 하여 목구멍에 풀칠하려고 지인의 소개로 따라다녔습니다.

그 사람은 다른 인부들과 달리 청소도 열심히 하면서 저녁에 일이 끝나면 하루에 일하였던 장소와 건물의 종류와 들어가는 인건비와 청소에 사용되는 도구 재료 등 가능한 투입되었던 모든 것들을 전부 기록하였습니다.

자신이 일하였던 곳의 하루하루를 기록하는 일이 반복되어 수십 건의 청소를 하면서 남겼던 기록을 바탕으로 일위 대가를 만들어 통계를 작성하고 그 데이터로 원가를 분석하여 자신이 직접 청소 일을 수주하였습니다.

그 사람은 자신이 고용한 인부를 데리고 계속 청소를 하여 자기 일당 외에 수익을 남겼고 이런 일이 반복되어 회사를 개업하고 나중에는 대형빌딩 청소, 관공서 청소, 국가 도로 청소까지 여러 가지 일을 수주하게 되어 중소기업을 운영하는 대표가 되었습니다.

아무리 작고 보잘것없는 청소 일도 모두 직업이 되고 그 일을 발전시킬 수 있다면 나중에는 기업이 될 수가 있으며 나 자신과 가정을 먹여 살리고 안전하게 지키며 내가 세상에 명예로운 자로 남아 직업으로 먹고 살아야 하는 단계에서 벗어나 다른 사람을 도와주는 사람이 될 수 있는 것입니다.

나의 취미와 관심을 깊이 생각하고 직업을 선택하라.

취미란 내가 좋아하는 놀이 문화부터 좋아하는 일과 잘하는 일까지 특별하게 생각하지 않더라도 내 주변에서 쉽게 접근하고 해보며 즐기기 위한 행위를 말할 수 있습니다.

하지만 취미를 즐겁게 열심히 하다 보면 취미가 직업으로 바뀔 수가 있게 되고 계속 발전시켜 나가면 만족스러운 삶을 살게 될 것이며 경제적으로 도움이 되어 무슨 일이든 나쁜 일만 아니면 그 사람의 적응도에 따라 취미가 직업이 되어 경제적인 이득을 얻게 되어 잘 살아가는 사람들도 아주 많이 있습니다.

어느 분야든지 내가 좋아하는 일이라면 시간 가는 줄 모르고 몰입하게 되면서 나만의 장점으로 변하여 다른 사람보다 더 잘하게 되고 그 일에 경험들이 축적되면 그 분야의 전문가가 될 수 있을 것입니다.

이렇게 내가 애착을 하고 시작한 취미 생활에서 전문성을 갖추게 된다면 직업으로 발전하여 자연적으로 돈을 벌 기회가 생기게 되어 나를 완성하고 사회생활을 자신 있게 살아가게 됩니다.

그때를 기약하며 무슨 일이든 꾸준히 빠져들고 몰입하여 일을 하므로 나만의 노하우를 축적하게 되면 내게 맞는 직업을 완성할 수 있을 것입니다.

예) 어떤 사람은 꽃을 좋아하였지만 꽃집을 차릴 수 있는 경제적인 능력이 부족하여 그저 취미로만 종이꽃을 열심히 접어 집에 전시하였습니다.

하지만 집에 놀러와 꽃을 본 사람마다 반응이 좋고 판매하라는 권유가 빗발쳐 꽃을 팔아보겠다는 생각을 꾸준히 하면서 자연 속에서 피었다가 시들어서 버려지는 여러 가지 꽃들을 발견하고 주워다가 즙을 내어 자연의 꽃 색상의 물을 종이에 물들여 말려서 꽃을 만들기 시작했습니다.

자연의 색으로 물들인 종이꽃들은 각가지 색상으로 너무나 아름다운 색상이 많이 나와 계속 여러 가지 색의 종이꽃을 만들어 팔기 시작했습니다.

나중에는 종이꽃 속에 전등을 넣어 불을 켜보니 자연의 꽃 색상의 빛이 너무나 아름다워 꽃 전등을 만들어 팔게 되었으며 그 결과 대기업에 다니는 친구보다 3배의 수익을 올리는 기업가가 되어 자랑스럽게 살아가는 유능한 인재가 되었습니다.

내 주변을 둘러보면 수많은 직업이 보인다.

직업을 결정할 때 다른 사람이 선택한다고 해서 무작정 따라 하거나 내 수준보다 높은 직업을 선택하여 실패하는 경우가 많이 있습니다.

내 지적인 능력이 상위에 속하지 않는다면 내가 이미 잘 알고 있는 일, 내 주변에 보이는 일, 주변에서 일을 성공적으로 하고 있는 지인의 도움을 받으며 내가 적응을 잘하여 성공할 수 있는 직업을 찾아야 합니다.

보통 능력의 사람으로서 학교에서 중간 정도 성적이나 중간 정도보다 못하다고 생각하는 사람은 일반적인 삶 속에서 보이는 직업을 선택하는 것이 더 빨리 적응하여 성공하는 삶을 살아갈 수 있는 확률이 높은 것입니다.

주변에서 이루어지는 수많은 직업 종류를 잘 살펴보고 분석하여 할 수 있는 일을 선택하여 결정 할지라도 내가 무난히 할 수 있는 일이라고 생각되면 과감히 도전하고 열심히 하여 내 직업으로 만들어야 합니다.

직업을 선택하려고 할 때 내가 생각하는 직업의 종류가 몇 안 되기 때문에 무조건 좋은 직장이라고 생각되는 회사를 도전하지만, 생각보다 내 수준과 맞지 않아 결국은 세월만 낭비하는 경우가 많이 있습니다.

그러므로 내 자신이 학교 다니며 얻은 성적과 내 능력에 맞춰서 자신 있게 잘할 수 있는 일이라면 무슨 일이든지 골라 직업으로 선택하여 내가 평생을 살아가며 나를 지켜줄 좋은 직업이 될 수 있습니다.

멀리서 직장을 찾을 수도 있으나 주변에 있는 직업 현장에서 일하는 지인의 생생한 증언을 통해 일의 내용을 파악하고 객관적으로 평가해 본 뒤 내게 적합하다 싶으면 지인의 도움을 받아 적극적으로 직업을 결정하는 것도 하나의 방법입니다.

현재 우리나라는 선진국으로 편입되었고 이에 합당한 기능직의 처우도 계속 안전하게 일할 수 있도록 개선되어가고 있습니다. 하루 8시간 노동으로 야근이 없으며 오후 5시에는 작업을 마치고 퇴근하기 때문에 저녁 시간이 여유가 있는 것이 장점일 수 있습니다.

일당도 일반 샐러리맨이 다니는 직장보다 임금이 높은 경우가 많이 있으며 60세에 정년 퇴임도 없어서 평생 직업으로 살아가는 데 전혀 문제가 없는 것이 사실이므로 적극적으로 기능직 직업을 선택해볼 수 있습니다.

또 기능직의 작은 소규모 자영업 일부터 시작한다고 하여도 꾸준히 열심을 다해 일하다 보면 경험이 축적되므로 처음에는 일의 능력과 경제력이 없어 어려움이 있더라도 나중에는 급성장하여 성공하는 경우가 많이 있습니다.

그러므로 꼭 직장생활을 하여 시키는 일을 하며 끌려다니는 삶을 살아가는 것보다 작은 자영업 일이라도 하여 내 자신의 역량을 마음껏 키워 나중에는 큰 사업가로 성장하는 것이 나을 수도 있다는 것은 '용꼬리가 되는 것보다 뱀 머리가 되는 게 낫다'고 하는 말과 같은 것입니다.

아르바이트도 미래 직업에 맞게 하라.

직업을 선택하기 전에 먼저 직업을 경험하는 것도 좋을 수 있습니다.

내가 생각하는 미래 직업에 맞게 경험할 수 있는 일을 찾아서 실습, 견학 아르바이트 등을 하며 미래와 관련된 직업을 미리 접해보는 것은 쉽게 직업으로 전환하는 데 좋은 방법일 수 있습니다.

예) 이를테면 셰프가 꿈이라면 레스토랑에서 청소나 접시 닦기 아르바이트를 접해보거나 사회복지사가 꿈이라면 봉사 활동을 해보며 직업의 밑바닥에서부터 직업에 관한 모든 일을 경험하며 차근차근 성장해보시길 바랍니다.

그 사람은 작은 것을 경험으로 차근차근 완벽하게 하나씩 이루었으므로 나중에 아르바이트를 하며 배웠던 직업에서는 절대로 무너지지 않는 장점을 가지게 되는 것입니다.

작고 사소한 경험들이 모여 직업에 대한 확신을 가지게 되고 나중에는 직업에 대한 업무를 처리하는데 밑바닥에서 배운 모든 일들이 세심한 일처리를 하는 사람이 되어 직업의 성공에 필요한 노하우를 선물로 받을 것입니다.

"젊어서 고생은 사서도 한다"는 옛 선조들의 말씀이 있듯이 젊어서 하는 경험과 실패는 두려워할 필요가 없습니다. 오히려 미래 삶에 많은 도움이 되기 때문입니다. 직업이란 귀하고 천한 것이 없으며 무엇이든 자신이 잘할 수 있는 것이면 모두 직업이 될 수 있다는 것을 알아야 합니다.

예) 어떤 청년이 군대를 제대하고 경영대학교 복학을 할 시간이 남아서 6개월 동안 슈퍼마켓에서 물건 정리를 하며 청소 일을 하였습니다.

그 사람은 대학을 졸업하고 본인이 전공한 분야로 직장을 구하려고 하였으나 취업이 잘되지 않아 군대를 제대하고 아르바이트를 하였던 슈퍼마켓으로 돌아가서 다시 아르바이트를 열심히 하다가 지배인으로 성장하였습니다.

그 청년은 슈퍼마켓 청소부터 시작하여 물건 정리와 물건 입고 판매에 대한 관리까지 완벽하게 하면서 결국은 슈퍼마켓 주인이 되었습니다.

대학을 졸업하고 큰 직장의 직원으로 경영자의 보조의 길을 가는 것이 아니라 비록 취업에 실패하여 슈퍼마켓 청소부에서 주인이 되었지만 직접 경영자가 되었다는 것은 대기업에서 일하는 직원보다 더 큰 성공을 한 경우입니다.

내가 잘 할 수 있는 일이 직업이 된다.

직업의 선택이 어려우면 한국 고용 직업 분류표, 직업 관련 서적, 직업의 종류, 미래 새로운 직업에 대한 소개 글, 직업에 대한 유튜브 영상 등 인터넷 자료를 찾아 수많은 직업의 종류를 탐색해 보기 바랍니다.

그리고 많은 직업 중에 내게 맞는 직업을 3가지 정도로 압축하여 경험자와 대화를 해보고 실습이나 아르바이트 등을 해보면서 그중 한 가지를 선택하여 적극적으로 일하여 직업으로 만들 수도 있습니다.

무엇보다 내 자신이 내 강점을 가장 잘 알고 있으므로 마음이 가는 직업을 처음에는 3가지 다음에는 2가지로 압축하고 그 다음에는 1가지로 선택하였다면 운동 경기에서 스타트라인에 서 있다는 심정으로 죽을힘을 다하여 내 미래의 직업의 완성을 위하여 뛰어보는 것이 좋습니다.

　우리는 어릴 때부터 이루지는 못할지라도 내가 어른이 되어 어떤 사람이 되겠다는 것을 자랑삼아 말을 하고 어떤 쪽으로 일하고 싶다는 경향을 가지고 있었으나 그 생각을 지속적으로 유지하지 못하고 성장하면서 계속 변화기도 합니다.

　내 마음이 끌리는 직업의 방향은 항상 생각으로 간직하고 있기 때문에 그 직감적인 선택을 믿어 적극적으로 그 일에 경험을 쌓아보고 결정할 필요가 있습니다.

　그렇게 마음에 드는 직업을 골라냈다면, 아래 기준에 따라 이 직업이 과연 내게 적합한가 깊이 고민해 보고 결정이 되면 절대 바꾸지 말고 계속 성장시키면서 그 분야에 달인이 된다면 다른 사람보다 앞서가는 삶을 살 수가 있습니다.

① 능력의 종류
- 공부 머리가 좋은가: 탐구, 연구, 개발, 영어, 수학 등에 적합

- 일머리가 좋은가: 기획, 계수, 진행, 기술 등 기능적인 업무
② 직무 스타일
- 직장인 유형인가: 이야기 듣기, 여러 사람과의 조화, 협력에 강함
- 사업가 유형인가: 적극적, 주도형, 독창적 생각을 밀고 나가 타인 설득
③ 행동의 특성
- 개발자처럼 묵묵히 탐구 하는가: 한 가지를 꾸준히 몰입하는 스타일
- 영업사원처럼 활동적인 사람인가: 관심사가 다양하고 다재다능한 스타일

자신이 생각하는 직업들을 구체적으로 생각하고 차차 줄여나가며 내게 맞는 직업을 선택하였다면 직업이란 스타트라인에 서서 과감하게 출발하여 전심전력을 다하여 목표를 향해 달려가야 하는 것을 잊지 말아야 합니다(김익한, 직업선택, 내가 잘하고 즐거워하는 건 뭐지? 참고).

반복하고 숙련하여 직업으로 만들어라.

직업의 종류를 탐색한 후 한 가지 직업을 선택하여 방향을 잡았다면 이제는 그 직업을 계속 발전시켜 자신에게 맞는 직업이

되게 하고 완전히 성공시켜야 내게 안전한 직업이 되어 내 자신을 보호하고 내 삶에 큰 도움을 받게 되는 것입니다.

하루하루 살아가면서 완성해야 하는 일들은 가능한 최선을 다하여 일하고 하루에 성취해야 할 일을 완료하며 계속적인 노력을 했을 때 몇 년 후에는 그 분야에서 달인이 되므로 전문가가 될 수 있습니다.

한 가지는 항상 진실하고 올바른 선의의 방법으로 노력한다는 생각을 가지고 항상 머릿속으로 의식을 하며 분명한 목표를 세우고 계속 노력하는 삶을 살면 좋은 사람들과 만나게 되어 서로 협력하면서 성공의 길을 가게 되므로 매우 중요합니다.

① 구체적으로 미래 직업의 성공 목적과 시간적인 목표를 가져라
어려움을 극복하지 못할 수도 있다거나 아니 된다는 생각은 하지 말고 내가 성공하여 이루어 낸 그 모습을 상상해 보고 한 발짝씩 계속 걷다 보면 먼 길도 가게 되고 높은 산도 올라가서 넓은 세상을 바라보며 참 잘했다고 자신을 칭찬하는 때가 올 것입니다.

② 자신이 하는 일에 집중하라
직업을 선택하고 일에 집중해야 할 때는 최소 3~5년 친구도

취미 생활도 자제하고 직업 외의 모든 것을 끊을 정도로 오직 직업으로 선택한 일에 몰두하고 성장시켜서 완성하여야 다른 사람들보다 앞서가는 인생을 살아갈 수가 있습니다.

일에 성공한 사람에게는 좋은 사람이 생기고 친구도 다시 돌아오지만, 일에 실패하여 경제적 능력이 없이 다른 사람의 신세를 지며 건달같이 살아가거나 걸인같이 가난하게 살아가는 사람에게는 있던 친구도 실망하고 떠나가는 것이 현실이라는 것을 알아야 합니다.

③ 일의 결과를 피드백하여 다시 계획에 적용하라

내가 선택한 직업은 최선을 다하여 일하고 전문가에게 계속적인 자문을 받고 실천하여 좋은 결과를 얻은 후, 새로운 계획에 내가 실천했던 좋은 결과를 피드백하여 다시 최선을 다하며 노력하기를 반복할 때 계속적인 발전을 가져올 수가 있으며 큰 성공의 결과를 얻을 것입니다.

④ 편안한 영역에서 벗어나 최선을 다하라

이미 잘하고 있는 숙달된 일이나 편하게 일하는 삶의 반복은 무의미합니다. 지금보다 더 발전된 기술이나 능력에 도전하고 더 새로운 것, 한 단계 높은 자리, 더 나은 미래에 계속 도전하여 자신을 더 새롭게 완성하고 매일매일 성취감으로 살아가시길 바랍니다.

선택한 직업에 달인이 되어야 한다.

한 가지 기술을 배우는데 몇 번의 반복이 필요한지 횟수를 정할 수는 없으나 횟수는 중요하지 않으며 내가 이루어야 하는 목적과 목표를 즐기며 성공할 때까지 계속적으로 무한한 노력을 하시기를 바랍니다.

반복 학습의 효과에 대한 근거는 뇌의 신경 물질이 반복 학습을 통해야만 뇌에 겹겹이 절연층을 만들어준다는 학술이 있으므로 계속적인 반복의 일을 하므로 실수를 점점 줄이고 더 완벽한 내가 되는 것을 알아야 합니다.

예) 어린아이가 엄마로부터 처음 말 한 단어를 배울 때 한 단어인 엄마를 부르는 것을 몇 백 번 이상 듣고 결국 엄마라고 부르기 시작한다는 것으로 보아도 우리의 일의 숙련은 많은 반복적인 일을 통하여 뇌에 새겨지며 결국 절대 잊어버리지 않는 영원한 내 것으로 완성되는 것입니다.

주어진 일의 직업에 계속 충실하다 보면 일 처리가 점점 빠르게 되며 실수가 줄어들고 일하고 있는 범위가 점점 넓어져 능력이 향상되어 점점 내가 일에 성장하는 만큼 조직을 점유하게 되어 성공하게 되므로 직장의 윗사람이나 동료들에게도 많은 인정을 받게 될 것입니다.

자신이 하던 일에 실패하더라도 실패의 원인을 알았으므로 다시 도전하면 더 좋은 결과를 얻을 수가 있기 때문에 실패에도 좌절하지 말 것이며 직업을 바꾸지 말고 전에 실패하였던 일들을 계속 개선하여 도전하고 자신을 더 나은 모습으로 완성하기를 바랍니다.

우리는 무엇을 배울 때 더 정확하고 더 빠르게 반복적으로 학습해야 합니다. 그렇게 노력하여 내 것이 된 기술은 필요할 때마다 내가 마음대로 사용할 수 있는 분야의 삶에 무기가 되므로 나와 가정을 보호하고 안전하게 도와 줄 큰 자산이 되는 것입니다.

자기 직업 분야에서 최고가 되라.

세상 삶에서 자신이 하고 있는 일의 분야에서 만큼은 주변 사람들보다 더 잘하여 최고라는 말을 들어야 주변에서 존경받으며 내가 살아가는 세상에서 자신 있는 삶을 살 수가 있습니다.

선진국인 독일의 학벌이 아닌 실력 위주의 직업 교육 사례를 보면 진정한 전문가가 무엇인지에 관해 깊이 생각해 볼 수가 있습니다.

독일은 '초등학교 4학년에서 6학년 사이' 담임 교사와 학부모가 상담하여 진로를 결정하는 조기 맞춤형 진로 교육으로 성적과 재능을 고려해 조기 맞춤교육을 할 수 있게 커리큘럼이 잘 짜여 있습니다.

예) 빨리 심는 나무일수록 빨리 성장합니다. 나무 모종을 키우는 모판이나 컵에서 영구적으로 자랄 수 있는 장소에 가능한 한 빨리 옮겨 심어야 빨리 뿌리를 내려 완전하게 자리를 잡고 잘 성장하여 큰 나무가 될 것입니다.

이것은 빨리 출발하는 사람이 목표에 빨리 도착할 수 있는 것과 같이 빠른 직업의 선택은 빨리 직업의 달인이 되어 그 분야에서 빨리 성공하게 되고 주변 사람들보다 먼저 성공하게 되므로 미래의 모든 삶에 자신 있는 삶을 살아갈 수가 있는 것입니다.

우리나라 혼인 및 약혼 가능 연령이 만 18세로 국회에 상정되어 있는데 나이가 어려서 동거를 통하여 가정을 완성하려면 직업을 빨리 가져야 하므로 직업을 빨리 가질 수 있도록 직업에 맞는 공부를 고등학교에서 철저하게 완성해서 사회에 진출하도록 해야 합니다.

어떤 직종이라도 주변에서 직업의 달인으로 인정받는 사람은 자신 있게 살아가며 사람들에게 부러움 및 존경과 함께 경제적인 이득도 함께 보장받게 되므로 반복되는 노력으로 자신을 꼭 성장시켜야 하는 이유가 되는 것입니다.

예) 의사는 지능지수가 높아 공부를 잘해서 의사가 될 수 있었지만 사실은 그 의사가 유명해져서 명의가 되려면 자신이 선택한 전공 분야에서 반복되는 수많은 사람의 진료를 통해 병을 잘 치료하게 되어 달인이 되었을 때 비로소 많은 환자가 다시 찾게 되어 명의로 이름이 알려지게 되는 것입니다.

'독일에서는 10명 중 6명이 실업계 직업 기초 교육'을 받는데, 6년간 상업, 기술, 외국어, 가정 등 4가지 기초 실무를 배워 일찍 직장에 들어갑니다. 졸업생들은 주 5일 가운데 나흘은 직장에서, 하루는 전문학교에서, 적어도 3년간 현장 실습 교육을 받아 사회에서 요구하는 전문가가 되어 취업합니다.

특히 '독일에서는 학력보다 자신이 일하는 실력과 기능'을 갖춰야 일자리를 쉽게 잡을 수 있는 이유는 우리나라와 같이 어느 대학을 나왔느냐가 중요한 것이 아니라 일을 수행할 능력을 얼마나 갖추어 있느냐가 중요하기 때문입니다.

실업계 고등학교 졸업생들도 원하면 언제든지 시험을 치러 대학에 들어갈 수 있습니다. 그러나 대학은 졸업까지 평균 6년이 걸리고 실업계 졸업생보다 취업이 힘든 데다 대졸이나 고졸이나 보수가 차이가 없어 대학 입학을 굳이 고집하는 학부모는 많지 않습니다(김누리 교수, JTBC 한국 사회 문제 원인은 한국 교육? 참고).

독일 교육이 이상적인 방향으로 가는 것은 사실입니다. 우리나라에서도 기술직이 월급이나 일당이 사무 직종 월급을 추월한 지가 오래되었으며 장기적으로는 기술 직종이 더 나은 것이 사실이나 고생하지 않으려고 사무 직종을 많이 찾고 있습니다.

진정한 한 분야의 최고 직업의 전문가가 되려면 어린나이부터 반복되는 학습과 직업에 대한 연습으로 끊임없는 도전을 통해 기초를 튼튼히 하면서 성장하므로 더 큰 꿈을 꾸며 자신의 미래를 확장해 나가는 것입니다.

고등학교에서 철저한 직업 교육을 통해 졸업과 동시에 직업 현장에 투입되어도 직업에 관한 일을 충분히 해낼 수 있는 정도의 전문가의 실력이 준비되어 직업 전선에 투입되어야 합니다.

학창 시절부터 직업의 전문가 수준이 어느 정도인지 교사들과 학생이 모두 파악하고 직업에 관한 공부를 열심히 해야 할 것이며 졸업할 때에는 취업 결정을 한 후에 졸업장을 받아야 할 것입니다.

직업의 프로란 자신이 하고 일의 능력의 한계에 끝없이 도전하여 계속 실력을 향상시켜 얻은 결과를 다시 계획에 반영하고 계속 노력하므로 계속해서 좋은 능력의 결과를 얻으며 끝없이 성장하여 성공하는 사람이 되는 것이 진정한 프로라고 할 수 있습니다(김현식, 『무에서 천까지』참고).

돈을 따라가지 말고 일을 성공시켜라.

'돈'을 좇아가지 말고 내가 먹고 살아야 하는 미래 직업의 일을 성공시켜야 합니다. 직업에 성공하면 돈은 그 직업의 일에서 얻은 수익이 항상 존재하게 되므로 돈은 그림자처럼 나를 따라다닙니다.

돈만을 좇아 살다 보면 시간이 흐를수록 그 사람은 돈에 중독되어 헛된 욕망을 가지고 살기가 쉽고 돈만 벌려는 생각으로 거짓과 사기 등의 잘못된 길을 가기 쉬우며 또 타인의 속임수에도 쉽게 넘어가게 되는 것입니다.

돈이라는 것은 아무리 많이 가지고 있어도 사용하기만 하면 돈은 계속 줄어 들게 되어 결국은 망하게 되므로 돈을 버는 수단 없이 부유함을 계속 유지한다는 것은 불가능한 것입니다.

결과적으로 직업에 성공하므로 사용하는 돈보다 벌어드리는 돈이 더 많을 때 돈은 나에게 머물게 되므로 직업에 성공한 사람에게는 돈은 그림자가 되어 나와 함께 존재하며 따라다니는 것입니다.

그러므로 직업의 일을 소홀히 하고 돈을 따라다니면 원했던 일의 목적은 점점 흐려지고 결국 삶을 바라보는 방식 자체가 금전적 보상으로 가득 차게 되어 잘못된 늪에 빠질 수가 있게 됩니다.

그러나 열심 있는 삶이 일의 능력으로 바뀌어 일의 성공으로 나타나 내 삶에 체질화가 되어 계속적으로 금전적 보상이 자연적으로 나를 뒤따르게 되므로 경제적으로 평안한 삶을 살 수가 있는 것입니다.

특히 기술적으로 성공하여 자영업을 시작하는 사람은 좋은 직장에 들어가는 것보다 처음엔 어려울 수 있으나 시간의 흐름에 따라 직장인을 능가하게 되고 정년 퇴임도 건강이 허락하는 한 계속 늦출 수도 있는 것이 장점입니다.

일반적인 직장생활을 하는 것은 타인에게 묶여서 타인의 의지대로 살아가는 것이므로 직장생활을 하는 것보다 자유로운 생각으로 자신만의 노하우를 발휘하며 살아가는 것은 나 자신을 평생 지키며 주변 사람들 모두가 부러워하는 성공의 길이 될 수 있습니다.

편안한 직장생활을 위해 월급을 좋아하는 사람은 처음에는 좋은 회사에서 만족하는 월급과 깨끗한 옷차림으로 자신 있게 살아가는 것 같으나 나 자신이 원하는 삶을 살기보다는 타인에 의해 지배되는 삶으로 살게 됩니다.

또 직장의 일은 성공으로 이끌지 못하면 스트레스 속에서 살게 되고 조기 정년 퇴임을 하여 조기 실업자가 되어 최저 임금자로 전락하게 될 수도 있으므로 잘 판단하여 직업을 결정해야 합니다.

입시 성공만이 진정한 성공이라는 생각은 미래 세상을 너무 좁게 바라보는 시각으로 목적 없는 공부를 하게 되는 경우가 많고 좋은 대학만 나와 좋은 직장에서 편안하게 일하며 높은 연봉을 받는 것을 목적으로 하는 것입니다.

그렇지만 자신의 노력으로 만든 기술직 직업은 어려움을 이기고 쌓은 기술로서 평생 자신을 지켜주고 가족과 함께 자신의 미래를 안전하게 하며 평안과 즐거움을 끝까지 안겨준다는 사실을 알아야 합니다.

"대한민국의 미래 주역인 소년, 청년들은 긍정적인 생각으로 다시 일어나야 합니다. 현대 사회가 비록 잘못된 것이 있더라도 비판으로 일관하지 말아야 합니다."

분명한 것은 과거 부모 세대 삶은 현재의 삶보다 몇 십 배 더 어려운 삶 속에서 살아왔으나 부모는 우리가 성인이 될 때까지 우리에게 모든 것을 다하여 섬겨주며 책임을 다하면서 도움을 주었습니다.

이제 우리가 성인이 되었다면 스스로 내 미래 삶을 개척해야 하므로 과감하게 부모를 떠나 각자 책임을 지고 살며 자식에 대한 부모님의 짐을 덜어주며 부모님에게 작은 효도라도 하면서 살아야 할 것입니다.

청소년들은 미래 대한민국의 주인으로 강하고 담대한 사람으로 거듭나서 직업에 맞는 공부를 일찍부터 하고 직업을 일찍 선택할 수 있도록 미래를 준비하며 자기의 일에 성공하여 가정과 대한민국을 책임지는 강하고 든든한 국민으로 성장해야 할 것입니다.

고등학교를 졸업한 건강한 젊은이는 성인이 되어 가므로 가능한 직업을 빨리 선택하고 경제적인 독립을 하여 자신의 판단으로 미래를 살아갈 준비를 하며 이성과도 건전한 교제를 통해 일찍 결혼을 하여 가정을 이루어야 합니다.

가장 적절한 결혼 시기는 신체가 가장 건강한 나이로서 23~25세에는 결혼도 일찍하여 건강한 아이를 낳아 자신이 스스로 가정을 이루고 세상에서 가장 살기 좋은 대한민국을 책임지는 공의로운 유능한 사람이 되어야 합니다.

높은 산에 도전하고 땀을 흘리며 계속 오르는 사람은 높은 산 정상에서 세상을 내려다보며 만족을 할 수 있을 것입니다.
그러나 아무것도 도전하지 않은 사람은 세상을 탓하며 자신의 연약함을 세상에 드러내며 자신을 비관하고 자신의 무능함을 감추려고 하며 피동적인 삶을 계속 살게 될 것입니다.

재능이 없다고, 돈이 없다고 세상을 비관하지 말아야 합니다.
재능이 없기에 더 노력하는 습관을 길러 강하게 살아가므로
나중에는 완전한 삶을 살아갈 수가 있고, 돈이 없기에 더 알뜰
한 경제 습관을 지니고 살아가므로 나중에 성공하더라도 가정
을 더 알뜰하게 관리하여 안전하게 지킬 수 있을 것입니다.

사람은 생각하기 나름입니다.
긍정적인 사고는 앞으로의 내 인생에 성공적인 결과들을 불
러일으켜 탄탄한 삶을 안겨 줄 것이며 매사에 긍정적인 생각이
살아서 적용되므로 긍정적인 생각은 인생 전반에 도움을 줄 것
입니다.

내가 사는 가정이나 사회 환경이 열악하다고 비관하고 비판
을 할 수가 있겠으나 그 환경을 나 아닌 그 어느 누구도 바꾸어
주지는 않을 것입니다.

그러므로 결국은 나 자신이 모든 환경을 극복하고 이겨내며
좋은 미래를 향해 한 걸음씩 최선을 다해 나아가며 승리할 때
내가 세상을 정복하는 승리자로 남을 것입니다.

내가 이 세상의 주인공이 되도록 지식과 직업에 최대한 노력하며, 내가 세상을 정복하여 다스리면서 나만의 독립적인 삶을 자유롭게 누리며 살아갈 수가 있도록 자신을 가꾸어 나아가야 합니다.

내가 계획한 모든 일을 하나씩 이겨내며 세월의 흐름에 따라 내 자신의 능력도 함께 성장하면서 하루하루를 성취감으로 보람을 느끼며 살아갈 때 진정한 삶의 보람을 가지게 되며 어느새 내가 세상의 주인으로 살아가는 것을 확인하게 될 때가 올 것입니다.

내 먹거리, 나를 지켜주고 안전하게 할 소중한 직업을 일찍 선택하여 열심히 노력하더라도 수많은 난관에 부딪히며 좌절을 맞보게 될 수도 있으나 나의 길은 내가 이기며 내가 완성해야 합니다.

그럴 때마다 목적을 정하고 목표를 향해 무너지는 나를 격려하고 일으키며 계속적인 도전으로 이겨내면서 진리이신 하나님의 진실하시고 의로우신 말씀을 항상 묵상하고 실천하며 기도하면서 살아가시기를 바랍니다.

하나님의 진리 말씀은 유일하게 사람 위에 존재하시는 진리이므로 세상의 1,000명의 스승을 모시고 사는 것보다 더 나으므

로 하나님의 진실하고 의로운 말씀을 실천하는 삶으로 승리하
시길 바랍니다.

> "내 형제들아, 너희가 여러 가지 시험을 만나거든 온전히 기쁘
> 게 여기라 이는 너희 믿음의 시련이 인내를 만들어 내는 줄 너
> 희가 앎이라 인내를 온전히 이루라 이는 너희로 온전하고 구
> 비하여 조금도 부족함이 없게 하려 함이라." (약 1:2-4)

인생의 3가지 보물을 붙잡아라.

사람이 똑똑하다고 하나 사람의 생각은 우물 안 개구리와 같
아서 자기 생각의 주장만 하고 사는 사람은 결국 자기 꾀에 빠
져 실수를 연발하며 어리석은 삶을 살아가게 되므로 사람을 창
조하신 하나님의 말씀을 바로 깨달아 진실하고 의로운 삶을 위
한 기도를 하시며 살아가시기를 바랍니다.

매일 아침에 일어나는 시간과 식사를 할 때마다 기도하고 하
루를 마치고 집에 돌아와 하루를 마감하면서 자신을 돌아보며
의로운 삶을 위해 기도하시기 바랍니다.

또 영육 간의 완전한 삶을 위하여 건강을 지키며 자신이 하

고 있는 일을 성공시켜 경제적인 완성과 명예로운 삶을 사는 것은 나만의 3가지 보물로서 아무도 가져가지 못하고 나누어 줄 수도 없는 오직 나를 지켜주며 평생 동안 내가 가지고 행복하게 살아갈 수 있는 가장 귀한 보물입니다.

① 하나님의 진리 말씀을 깨달아 진리 말씀 안에서 참 자유를 누리며 진실하고 의롭게 살아가며 죄악을 멀리하고 안전하게 평안과 기쁨으로 살아가는 것이 첫 번째 보물입니다.

② 우리의 몸과 영혼을 위하여 적당히 먹고 계획된 운동을 주기적으로 하면서 건강 관리를 잘하며 자신의 육체를 죄와 세상 향락의 삶에서 몸을 더럽히지 않고 영적으로 잘 완성된 모습으로 육체와 영을 깨끗하게 보존해야 하는 영육의 건강이 두 번째 보물입니다.

③ 내 자신의 먹거리인 직업을 성공시켜서 경제적으로 도움을 받고 명예로운 삶을 살아가며 나와 가족을 지키며 어려운 사람들에게 나눔의 공의로운 삶을 살아가는 것이 세 번째 보물입니다.

이 3가지 보물은 오직 내 자신만이 완성할 수가 있으며 심지어 부모나 아내나 자식과도 공유할 수가 없는 것으로 오직 나만의 것으로 어느 누구도 가져 거거나 빼앗을 수도 없는 내 고유한 자산이요 영원한 나만의 보물인 것입니다(김현식,『무에서 천까지』참고).

젊어서 어려움을 끝까지 잘 이겨내며 살아가는 사람은 나중에 더 큰 위험이 와도 어려움을 쉽게 극복하고 이겨내며 소망을 가지므로 크게 성공합니다.

청소년 시기에 성장할 때는 욕심을 내어 열심히 직업 공부를 하여 빨리 직업에 성공하여 살아가면서 일찍 결혼하여 자녀들을 낳아 기른 후에는 50대 노후에 평안과 즐거움으로 노후를 살아가는 것이 진정한 성공의 삶입니다.

직업은 인생을 살아가는데 기름과 같아서 직업을 준비하는 공부를 충실히 해야 좋은 직업을 얻을 수가 있고 직업을 통하여 경제적인 능력을 얻으며 경제적인 능력을 바탕으로 가정을 이루고 지키며 내 자신이 더 넓은 세상을 점유하고 다스리며 살아가게 되는 것이 성공의 길인 것입니다.

03

가정은
인생의 결실과
완성의 길이다.

03

가정은 인생의 결실과
완성의 길이다.

사람은 창조자 진리의 뜻대로 살아야 한다.

우리가 세상에 태어나기 전부터 이미 우주와 지구촌 세상은 존재하였습니다.

그러므로 사람은 창조자 진리의 법칙과 질서를 세상 질서보다 우선하여 지키고 자연과 조화를 이루며 공의로운 삶으로 안전하고 행복하게 살아가는 것이 창조자가 원하는 뜻입니다.

진리는 인간 삶의 절대 기준이자 절대 가치로서 오직 하나이며 가장 진실하고 올바르며 영원불변한 세상의 기준으로 유일하게 사람 위에 존재합니다.

사람이 창조자 진리와 자연의 순리를 따라 살아가면 많은 혜택을 받고 살아가지만 순리를 거슬러 욕심대로 살아가면 세상은 무질서해지고 죄악이 난무하여 인간 스스로가 삶에 재앙을 불러 드리는 결과로 불행한 삶을 살게 되는 것입니다.

진리의 삶은 진리가 인간을 참되고 올바른 삶의 길로 인도하며 진리 말씀 안에서 참 자유와 평안을 얻고 기뻐하며 행복하게 살아갈 수 있게 합니다.

"진리를 알지니 진리가 너희를 자유롭게 하리라."(요 8:32)

창조자의 질서는 만물의 충만을 허락하신 범위 안에서 이루어지며, 사람도 만물의 질서 안에서 그 균형에 맞추어 살아가는 것이 마땅하지만 인간의 욕심은 끝이 없어서 창조자의 질서를 거슬러 자연을 파괴하며 살아가는 것이 큰 문제입니다.

인간들은 자신들의 만족을 위해 자연을 파괴하며 많은 물건들을 만들어 사용하므로 자연 생태계의 균형을 깨트리게 되어 환경이나 기후적으로 재앙을 불러일으키게 되므로 욕심이 많은 만큼 인간의 고통은 점점 심해지는 것입니다.

"너를 위하여 새긴 우상을 만들지 말고 또 위로 하늘에 있는

것이나 아래로 땅에 있는 것이나 땅 아래 물 속에 있는 것의
어떤 형상도 만들지 말며 그것들에게 절하지 말며 그것들을
섬기지 말라

나 네 하나님 여호와는 질투하는 하나님인즉 나를 미워하는
자의 죄를 갚되 아버지로부터 아들에게로 삼사 대까지 이르게
하거니와 나를 사랑하고 내 계명을 지키는 자에게는 천 대까
지 은혜를 베푸느니라." (출 20:4-6)

인류 최초의 조상이 탐욕으로 죄를 짓게 되어 후손이 땀을 흘
리며 일하고 살게 된 것은 사람이 욕심을 부리는 만큼 죄를 범
하기 쉬워지며 점점 어두움으로 빠져들게 되어 어둠의 죄 속에
서 헤매며 살게 된다는 것을 전혀 알지 못하였기 때문입니다.

"욕심을 버리는 만큼 행복 지수는 올라간다."는 말이 있듯이
사람은 욕심을 내려놓고 자신들의 잘못된 삶을 회개하여 창조
자 진리 말씀을 따라 살아갈 때 진정한 행복을 찾아 참 평안과
기쁨으로 살아갈 수가 있습니다.

창조자의 뜻은 기본적으로 만물이 아름답게 잘 유지되며 세
상이 아름다운 평화 속에서 운영되고 사람들이 서로 사랑하며
진리의 말씀을 따라 안전하게 살아가면서 창조자에게 감사하

는 것입니다.

그러나 우리가 살아가는 세상은 사람들이 자유라는 명목으로 모든 선택 권한은 각 개인에게 있다는 논리를 펼치며 각자 원하는 대로 행동하여 공의로운 삶을 해치고 법치주의 정의를 훼손하며 창조자의 본뜻을 망각하는 행위를 하고 있는 것이 사실입니다.

예) 전 세계가 코로나 팬데믹으로 인해 많은 사람들이 죽음에 이르고 있는 와중에도 소수의 사람들은 자유를 보장하라며 코로나 백신 예방 주사를 거부하여 코로나19가 계속 확산되며 줄어들지 않고 있는 것을 볼 수 있습니다.

세상이 어려운 가운데에서도 무질서한 자유는 끝없이 요구되고 있으며 모든 세상에 적용되어야 할 공의로운 정의의 질서는 무너지고 세상이 점점 방향 없이 무질서하게 동물적인 삶으로 치우치는 것 같아 안타까울 뿐입니다.

식물, 곤충, 동물들도 번식하며 세상의 필요에 따라 존재한다.

창조자의 자연의 순리를 알기 위해서는 만물을 잘 살펴보아야 합니다.

식물은 최대한 번식하고 자라서 풀과 열매를 맺어 곤충과 동물, 인간 등이 살고 있는 모든 생명의 식량이 되어주므로 모든 생명이 더 풍성하게 번식하여 충만하도록 최대한 도와주는 일을 하고 있습니다.

지구상의 모든 생명체는 창조자 하나님의 뜻에 따라 모두 짝을 이루어 번식 활동을 하며 자기 유전자를 이 땅에 남기려고 최대한 노력을 합니다.

번식은 자연스러운 것으로, 번식을 통해 살아있는 생명체가 영원히 유지되고 창조자의 아름답고 영원한 세계가 계속되는 역사인 것입니다.

식물, 곤충, 물고기, 동물과 인간까지도 결국 세상 만물의 필요에 따라 존재하여 생태계 평형을 이루고 있으며 모든 생명체 중 인간은 고도의 지능을 가진 최상위 동물로서 창조자의 진리와 세상의 공의로운 질서에 따라 세상에 충만하여 만물을 정복하고 다스리며 살아가게 되어 있습니다.

"하나님이 그들에게 복을 주시며 하나님이 그들에게 이르시되

생육하고 번성하여 땅에 충만하라 땅을 정복하라 바다의 물고기와 하늘의 새와 땅에 움직이는 모든 생물을 다스리라 하시니라."(창 1:28)

성경 말씀에는 하나님께서 사람을 창조하신 후에 사람이 만물과 함께 충만하기를 원하셨으며 사람이 만물을 정복하고 다스리도록 만물의 관리자로 세우시고 세상을 하나님과 함께 경영하시며 사람으로부터 영광 받으시기를 원하시는 것입니다.

그러므로 사람은 창조자 하나님의 공의로운 뜻에 따라 공의롭게 세상에 봉사하고 섬기며 하나님의 공의로운 진리의 질서에 따라 순종하며 살아야 합니다.

세상에서 인간이 해야 할 일과 남겨야 할 일은 무엇일까?

인간이 가장 기본적으로 해야 할 일은 진실하고 의로운 인격체로 자신들을 완성하여 모든 사람과 함께 조화롭게 공존하며 서로를 위해 살아가는 것입니다.

사람이 가장 먼저 남겨야 할 것은 식물, 곤충, 동물들과 같이 최소한 기본적으로 남녀가 서로 만나 대를 이어 세상을 유지시켜 줄 자손을 탄생시켜서 번성하게 하고 우주에서 가장 아름다운 지구가 영원하도록 공의로운 질서로 정복하고 다스리는 것입니다.

주말이나 공휴일에 공원을 산책하다 보면 젊은 부부가 유모차를 밀고 가는 것을 보고 귀여운 아기에게 손을 흔들어 주며 가고 싶어서 유모차 안을 힐끔 쳐다보면 의외로 유모차 안에는 아기가 타고 있는 것이 아니라 강아지를 태우고 가는 것을 많이 볼수가 있습니다.

강아지는 먹고 놀기만 하지만 사람이 돌보아주므로 좋아서 꼬리를 흔드는 것입니다. 그러나 사람은 진리 하나님의 뜻대로 세상을 경영하며 살고 있으나 강아지는 사람을 의로 인도하지 못하므로 아이를 낳지 않고 강아지를 더 좋아하는 것은 어리석은 일입니다.

강이지를 태우고 가는 것을 지적하는 것은 아니나 유모차 안에 아기가 타고 있고 그 옆에 강아지와 함께 걸어가는 모습은 더 아름다울 수가 있으며 강아지만을 위해 정성을 다하는 것보다는 내 자녀에게 정성을 다하는 것이 나에게 축복을 하는 것이며 국가나 미래 사회를 위해 더 좋을 것이라고 생각합니다.

우리는 창조자 순리에 따라 인생을 계획하고 실천하며 살아야 하며 내가 주관하여 세운 가정과 내 주위의 사회를 건강하게 완성시키고 서로 존중하고 보호하면서 공존하는 삶을 살아야 합니다.

우리가 성인이 되면 주변의 시선과 부모님의 통제, 사회의 전통과 관습에서 과감하게 벗어나 최대한 빨리 미래 삶의 주도권을 가질 필요가 있으므로 자신의 삶에 에너지가 되는 직업을 일찍 가지고 경제적으로도 독립을 하여 가정을 이루어야 합니다.

부모님이 나를 세상에 태어나게 한 것은 맞지만 미래 성인의 삶까지 통제하고 경제적으로 책임져줘야 하는 존재가 아닌 이유는 부모님도 자녀를 빨리 떠나보내고 노후를 행복하게 살아갈 권리가 보장되어야 하기 때문입니다.

성인이 됨과 동시에 이성적·경제적인 부분에서 부모님으로부터 최대한 빨리 독립해야 하는 것은, 모든 인간은 독립체로서 자신의 미래 삶을 자신만이 책임지고 살아야 하는 의무가 있으므로 어떠한 삶이 내가 어른이 된 독립적인 삶을 완성하는 길인지 심각하게 고민해야 합니다.

보잘것없는 동물들도 새끼를 낳아 최소한의 먹이를 주어 잠간 키운 다음에는 스스로 살아가도록 어미에게서 최대한 빨리 떠나보내고 있습니다.

그러나 유일하게 사람만이 자식을 20~30년 동안 보호하며 의식주와 모든 것을 책임지고 살고 있으나 이것은 자녀를 오랫동안 붙잡고 있을수록 자식이 무능해지며 자식에게 독립적인 삶을 잃게 하는 잘못된 방법인 것입니다.

그러므로 자녀는 어려서부터 독립적인 삶을 위해서 성인이 되기 전에 직업을 선택하여 부모로부터 경제적인 독립이 되어야 하며 스스로 자신의 일을 책임지고 할 수 있도록 습관화하여야 합니다.

또 남녀 간에 아무 준비도 되지 않은 상태에서 갑자기 만나 서로가 미래의 약속 없이 무책임한 동물적인 깊은 접촉으로 아이가 생겨서 당황하며 앞날에 어떻게 살아가야 할 줄 몰라 허둥대는 경우가 발생되면 절대 안 되는 것입니다.

한 때 계획 없는 사랑만으로 자신의 아이를 가진 배우자를 버리고 떠나가는 일이 발생되어서는 절대 안됩니다. 그런 까닭에 아이와 배우자의 어려운 삶이 시작되는 것을 방지하기 위해서는 이성 간의 만남에서 가정을 이루어 살아가는 과정을 꼭 교육을 받고 서로를 책임지는 굳은 약속을 해야 하는 것이 중요합니다.

이성 간의 만남으로 가정이 시작되려면 먼저 직업을 가지고 가정의 경제적인 삶을 계획하여야 하며 직업을 가진 후에는 서로의 형편에 따라 거처할 방법을 서로 합의하고 아이를 낳아 기르며 열심히 살면서 그 후의 경제적인 삶은 하나씩 해결하며 시간이 흐를수록 잘 살아가게 될 것이므로 현재의 가난은 크게 문제 삼지 않아도 될 것입니다.

가정의 시작은 쉽지 않지만 내가 살아가는 가정 형편이 어려울수록 직업에 충실하면서 경제적인 안정을 바탕으로 가능한 한 빨리 가정을 이루고 아이를 낳아 자녀의 양육을 빨리하여 인생 전반에 대한 철저한 계획을 세우므로 노후까지 미래 삶을 하나씩 착실히 완성해 나가는 방법이 가장 자연스럽고 효과적이며 성공한 삶이라 할 수가 있습니다.

성인이 되어 남녀가 함께 만나서 이루는 삶은 사람 인(人)자처럼 서로가 버팀목이 되어 의지하고 상대방의 부족한 부분을 서로 채워주고 섬겨주어 화합하는 사랑으로 아름다운 삶을 이루며 살아가는 것입니다.

남녀가 만나 더 나은 미래의 가정과 사회를 만들기 위해 할 수 있는 일들은 가능한 빨리 결혼을 하여 가정을 시작하면 할수록 미래 안정된 삶을 빨리 발전시키며 미래의 꿈을 성취하기 쉽게 되는 것입니다.

복잡한 결혼식보다는 동거가정의 아름다운 배필 관계를 과감히 꿈꾸고 실현할 때 경제적인 미래 행복은 그만큼 빨리 다가오는 것이며 안정된 삶을 위해 서로 도우며 함께 가정을 꾸려나가기 때문에 안정감을 더 빨리 찾을 수 있는 것입니다.

무턱대고 부모님의 통제가 싫어서 독립하여 무기력하게 혼자 계속 살아가는 것보다 학창 시절부터 미리 독립을 예정한 철저한 성 교육과 직업 교육으로 미래의 가정을 이루는 삶과 직업의 안정을 찾아 경제적으로 독립하여 남녀가 서로 만나 함께 동거가정을 이루며 시작하는 것이 좋을 것입니다.

빨리 가정을 꾸리는 것이 좋은 이유는 무엇일까?

① 동거가정의 경제적 이유: 한 사람이 독립하여 살다 보면 집세와 공과금, 생활비 등 다양한 지출이 생기게 되어 이를 혼자 충당하면 버거울 수 있으나 두 사람이 하나가 되어 함께 나누어 충당하고 여윳돈을 저축하면 보다 경제적이고 안정된 미래를 꿈꿀 수가 있는 것입니다.

② 동거가정의 빠른 발전: 사랑하는 사람과 따로 시간을 내

지 않아도 매 순간 함께 살며 서로 일을 분배하고 아낀 시간 동안에는 자기 계발을 하며 가정이 성장하는 일에 함께 의논하고 미래에 빠른 경제적 안정된 삶을 살수가 있는 것입니다. 남녀가 함께 빨리 만나 가정을 시작하는 삶은 그만큼 경제적으로나 미래의 모든 삶이 빨리 안정화될 수 있어서 행복한 삶으로 이어지는 것입니다.

③ 20대 가정의 건강한 아이 출산: 20대 빠른 만남은 건강한 아이도 빨리 낳아 가정이 안정되어 미래에 최소한 50대에 자녀들을 빨리 결혼시켜 내보내고 황혼에 평안을 누리며 행복한 삶을 보장받는 것으로 이것이 인생 전체를 완성하고 행복을 누리는 최고의 삶 입니다.

그래서 젊어서 고생은 사서도 한다는 말이 생긴 것이며 젊어서 인생 전체의 철저한 계획으로 일찍 가정을 이루는 만큼 행복도 일찍 찾아오므로 가능한 20대에 가정을 이루어야 합니다.

우리가 살면서 꼭 해야 할 일과 하지 말아야 할 일이 있습니다. 꼭 해야 할 일은 최소한 인간으로서 지켜야 할 기본 질서로 진리 하나님의 뜻대로 진실하고 의롭게 살아가며 부모님께 효도하고 타인에게 피해를 주지 않고 아이를 낳아 잘 교육하며 국가에 의무를 다 하는 것입니다.

꼭 하지 말아야 할 일은 거짓된 삶과 타인에게 피해를 주는 일, 세상을 원망하며 게으르게 사는 것과 오직 자신을 위하여 혼자 잘먹고 잘 사는 욕심만으로 살며 세상을 어지럽게 하다가 죽는 일입니다.

세상에서 살아가는 삶은 무한 경쟁의 시대입니다.

아침 일찍 일어나는 새는 다른 새보다 원하는 먹이를 먼저 많이 먹을 수 있는 것과 같이 사람의 인생도 가능한 한 빨리 배워서 직업의 안정을 빨리 찾고 가정도 빨리 이루어 인생 전체를 가능한 빨리 안정화시켜 평안한 삶을 살아가는 것이 무엇보다 중요한 것입니다.

이성 교제는 존중과 책임 있는 자세로 만나야 한다.

우리는 항상 아가페적 사랑을 마음에 두고 최대한 지키려고 노력해야 합니다.

사랑은 개인 간의 관계에서 더 나아가 온 세상을 향하여 공의로운 마음으로 실천하며 나아가야 모든 사람들이 공존하며 행복하게 살아가게 됩니다.

내 가정 안에서도 나보다는 배우자와 가정을 우선 섬기며 내가 속한 공동체 모두를 생각하고 긍휼히 여기고 화합하는 자세로 살아가야 합니다.

이것은 모든 사람이 서로 사랑하면서 자신에게 주어진 삶에 최선을 다하는 삶으로 개인과 사회 모두를 건강하게 성장하게 하고 국가의 모든 생산 활동의 원동력이 되며 가정과 내가 의지하고 살아가는 사회의 공의로운 평화를 이룰 수 있는 길입니다.

"피차 사랑의 빚 외에는 아무에게든지 아무 빚도 지지 말라 남을 사랑하는 자는 율법을 다 이루었느니라."(롬 13:8)

청년기 이성적인 사랑의 성적 호기심은 신체가 성장하며 육체가 완성기에 접어들었다는 증거로 남녀가 자연스럽게 만나 서로를 탐색하며 이를 마음으로 잘 정리하고 서로가 책임 있는 자세로 상대를 존중하며 교제를 시작하는 것이 필요합니다.

청소년이 육체적으로 성장하면 성적 호기심도 함께 자라게 되므로 약 15세가 넘으면 욕구가 서서히 발현될 수 있습니다. 때문에 성적 욕구를 잘 조절하고 욕구를 절제하는 삶을 배워야만 자신의 성을 지키고 건강한 성 의식을 가질 수 있게 됩니다.

남녀 간의 만남은 자연스러운 이성 간의 끌림으로 자신의 짝을 찾을 경우가 많을 것이나 함부로 서로를 잘 알지 못한 상태에서 신체 접촉을 빨리하는 것은 너무 성급하며 책임지지 못하는 일이 서로 벌어질 수 있으므로 가정을 이루기까지 단계적인 교제 방법을 배워야 합니다.

　신체적인 욕구를 만족하기 위해서 잘 알지도 못하는 신원이 불분명한 이성을 무조건 만나 이성 간의 깊은 신체적 접촉을 하는 것은 동물적인 삶으로 가정을 이룬다 하더라도 부부가 서로에 대한 애착 관계가 잘 형성되지 않을 수가 있습니다.

　가정을 이루는 정신적인 준비가 잘 되어 있지 않으면 아내와 자녀에 대한 책임 의식도 떨어져 외도, 이혼 등의 원인이 될 수 있기 때문에 주의해야 합니다. 이성 간의 만남을 시작할 때는 수많은 대화와 일반적인 삶의 접촉으로 시간을 가지며 화합하고 서로를 존중하는 방법을 알아가는 것이 우선 필요합니다.

　이성 간의 만남의 최종 목적은 항상 가정을 이루는 데 목적을 두고 서로를 잘 살피며 미래에 대한 합의를 하면서 이에 대한 책임감 등은 교육받거나 책을 보며 분명한 책임 의식을 가지고 서로에 대해 약속을 하고 마음으로 서로가 인정되었을 때 최소한의 신체 접촉을 해야 후회가 없게 될 것입니다.

또 남녀 간의 만남에 있어서 상대방을 무시하고 자신에게만 소속감을 두거나 얽매이게 하고 서로 뜻이 맞지 않아 헤어지는 것을 거부하며 이성 간의 폭력을 행사하는 것은 데이트 폭력으로 절대 해서는 안 되는 짐승과 같은 저질적인 교제임을 명심해야 합니다.

내가 좋아서 사랑했던 사람으로 보호해야 할 대상을 마음에 들지 않는다고 하여 폭력을 행하는 것은 이 사회에서 퇴출하여야 마땅하므로 절대로 폭력을 행사해서는 아니 되는 것을 명심하고 서로 최대한 존중하며 헤어지는 것도 사랑의 일부라는 것을 인식하고 교제를 해야 합니다.

이성 간의 교제는 육적인 생각과 관계를 먼저 생각하고 만나서는 절대로 안되는 것입니다. 우리가 살아가는 미래를 위해 동반자를 만나서 함께 미래의 삶을 계획하며 약속하고 서로 섬기며 도와주는 아름다운 관계 속에서 가정을 이루어 서로 행복한 미래를 설계하고 실천하여 자손을 출산하므로 세상 만물과 함께 인류가 영원하도록 하는 위대한 삶인 것입니다.

사람은 왜 남녀로 태어나, 때가 되면 다시 만나게 될까?

남녀가 각기 다른 환경에서 태어나 부모의 통제 아래 살다가 육체가 성장함과 동시에 성이 발달하여 이성에게 끌리게 되어 서로 만나므로 더 강한 유전자를 만들어가게 된 것이 유성 생식의 기원이며 유전자 결합은 인간이 대대손손 흐르는 시간과 다양한 환경에 잘 적응할 수 있도록 해준 생존의 비결에서 나온 법칙입니다.

남녀가 만나 아이를 낳아 종족을 보존하는 재생산 본능이야말로 인간이 후대에 자기 유전자를 가장 지혜롭고 강하게 남길 수 있는 기초적 본능이므로 성은 자연스럽고 아름다운 것이며 이를 통해 인류는 계속되고 지구와 인간의 사회는 더욱더 건강해지며 영원해지는 것입니다.

청소년기의 몸의 변화와 왕성한 호르몬은 종족 보존의 기능에서 오는 자연스러운 욕구이며 남녀의 성적 욕구의 차이를 살펴보자면 남자는 음낭 속 정자를 자연스러운 생리 현상으로 분출하게 되는데 동물과 달리 인간은 생각이 있는 고지능의 사람으로서 스스로 욕구를 절제하며 이성과 만나는 것은 사람만이 할 수 있는 일로서 위대한 삶인 것입니다.

여자는 아이를 낳을 수 있는 유방과 자궁이 있고 남자는 정자를 제공하여 함께하므로 출산과 육아의 기간 동안에는 몰입하여 자손을 살아남게 보호할 수 있도록 동반자인 남녀가 부부가 되어 가정을 이루는 것은 중요한 일입니다.

특히 남녀가 아이를 낳으면 서로가 책임감을 느끼고 한 팀이 되어 육아하게 되므로 신뢰와 사랑을 기반으로 한 남녀가 하나가 되어 가정을 이루는 완벽한 공동체가 시작되는 것입니다.

결국 남자와 여자는 따로 태어나지만 후손으로 이어지는 같은 공동체의 목적을 이루며 살아가야 하는 것으로 둘이 하나가 될 때 비로소 내가 세상에 태어난 가장 기본적인 목적을 완성하는 필수적인 존재인 것을 확인하는 것입니다.

자유로운 만남 속에서 서로 책임 있는 이성 교제를 하라.

남녀가 성인이 됨과 동시에 독립적인 삶으로 계속 살아가는 것이 아니라 미래 계획과 목적을 빨리 세우고 동반자를 만나 가정을 이루어 함께 성장시켜 나가는 것이 사람이 살아가는 기본적인 틀이라는 것을 알아야 하며 가정은 작은 사회이자 국가인 것을 알아야 합니다.

가난한 삶을 살며 어려움이 있는 사람일수록 가능한 한 일찍 동반자를 만나 빨리 가정을 시작하면 그만큼 빨리 가난에서 벗어날 수 있습니다.

　가정을 이루면 한 사람이 살아갈 때 사용하는 불필요한 생활의 낭비를 막고 함께 힘을 합쳐 절약하며 살아갈 뿐 아니라 한 사람이 경제적인 능력이 풍부하면 약한 사람을 도와주게 되므로 결국은 서로 안전하고 평안한 삶으로 성공적인 결혼 생활을 할 수 있는 것이 장점입니다.

　함께 동거하는 가정을 시작하기 전에는 직업이나 경제적인 능력이 부족하여 힘들지 않을까 염려하지만, 직업을 빨리 가져서 안정을 찾게 된다면 가정을 지킬 수 있고 둘이 함께할 때 얼마든지 좋은 미래가 열려있고 방법도 찾게 되므로 먼저 가정을 이루고 미래의 삶을 어떻게 더 발전시켜 나갈지 함께 고민하면 되는 것입니다.

　우리말에 "백지장도 맞들면 낫다"는 말이 있듯이 서로 힘을 합치며 서로의 약한 부분을 보완해주며 함께 살아가는 삶은 서로에게 힘이 되어 장기 레이스인 인생을 살아가기가 훨씬 쉽게 되며 각자의 인생에 어려움을 서로 극복하는 데도 큰 도움이 되는 것입니다.

"그러므로 내가 너희에게 이르노니 목숨을 위하여 무엇을 먹을까 무엇을 마실까 몸을 위하여 무엇을 입을까 염려하지 말라."(마 6:25)

세상의 의식주 문제는 창조 때부터 이미 세상에 예비 된 것으로, 삶에 가장 기초적인 문제로 어떤 경우도 다 해결되게 되어 있기에 염려할 필요가 없으며 사람은 삶의 일을 하나님의 뜻대로 잘 계획하며 살아가는 것이 무엇보다도 중요합니다.

그러므로 미래에 삶의 목적과 목표를 두고 열심히 일하여 성공하게 되면 그 대가로 경제적 능력으로 안정을 찾게 되면서 자연스럽게 육적인 일은 해결되며 명예 또한 뒤따르게 되어 사회에서 존경받고 살아가게 될 것입니다.

경제력이 좋은 우리나라에서는 비록 노동 현장에서 육체적인 고생을 하더라도 8시간 근무로 직장 생활에 버금가는 보수를 받을 수 있고 기술직은 정년 퇴직의 기한이 없어서 퇴직 후에 직장에서 근무하는 사람들보다 더 유리한 점이 많이 있습니다.

국가적으로 정부 주관하에 사회 보장 제도가 점점 확대되며 완벽해지고 있으므로 일반적인 삶의 문제는 큰 염려를 하지 않아도 되며 그보다도 먼저 미래목적을 향해 열심히 노력하며 살아가면 모든 문제가 해결될 수 있습니다.

20대 빠른 가정은 경제적인 안정과 평안한 노후를 보장한다.

사람은 태어나 3번의 스타트라인에 서서 다시 시작하게 됩니다.
　① 세상에 태어나 모두가 맨몸으로 벌거벗고 시작합니다.
　② 성인이 되어 모든 사람이 사회생활을 다시 시작합니다.
　③ 결혼을 통해 가정의 공동체 삶을 시작합니다.

이 세 가지 중 가장 중요한 부분은 가정에 있습니다.
어린아이일 때는 스스로 살 수 없어서 부모님에게 의지하여 살다가 성인이 되어 사회생활을 시작으로 자기만의 삶을 살다가 다시 가정을 통해 배우자와 함께 만들어 가는 작은 사회를 시작하는 것입니다.

가정을 이루는 것은 나를 낳아준 조상과 국가와 창조자 순리에 따라 세상에 태어나 내가 가장 기본적인 의무를 다하며 나를 완성하는 일로서 위대한 삶인 것입니다.

적정기의 빠른 가정을 이루는 것은 경제적 안정을 주고, 건강한 아이의 출산을 높여주는 것으로 건강한 아이를 낳기 위한 부모의 신체 전성기 나이가 남녀 모두 21~25세이며 이 시기는 생리적으로 최고로 왕성해지며 결혼하기 알맞은 신체가 완성되고, 세포 생성이 가장 활발한 나이이기 때문 입니다.

올림픽에 참가하는 선수들도 신체적 건강이 가장 활발하고 왕성한 시기에 기록이 잘 나올 수가 있어서 약 21~25세 사이에 참가하는 선수들이 많이 있는 것입니다.

그러므로 남녀 모두가 최소한 성인이 되면 결혼을 자유롭게 할 수 있으나 최소한 20대 초반에 결혼하는 것이 자신의 건강이나 2세를 위하여 가장 좋은 나이지만 25세 중반에는 꼭 결혼하여 아이를 일찍 출산하여 인생 전체 계획을 잘 세우기를 권장합니다.

그러나 30~35세 이상 고령 임신은 임신 초기에 유산이 되는 위험률이 높고 다운 증후군 등 태아 염색체 이상 질환 및 기형 관련 질환이 20대 산모보다 발생할 가능성이 많으며 임신성 고혈압이나 임신성 당뇨 등의 질병 발병 위험 확률 또한 2~4배가량 높아지는 것을 명심해야 합니다.

경제적인 면에서 결혼 전 모은 수입은 거창한 결혼식을 위해 대부분 사용하게 되므로 가능한 동거가정으로 시작하는 것을 적극적으로 권장합니다.

그러므로 비용이 많이 드는 결혼식보다는 검소한 비용의 동거가정을 시작하거나 간단한 혼인 선서, 서약, 양가 식사 등으로 거창한 결혼식을 대신하여 경제적으로 절약해야 합니다.

가정을 이룬 후 두 사람의 수입 중 한 사람의 수입을 생활비로 쓰고 한 사람의 수입을 저축하다 보면 10년 후에는 작은 집이라도 마련하고 행복한 삶을 살 수 있기에 경제적인 안정 속에서 삶을 계속 성장, 발전시킬 수 있게 됩니다.

우리나라는 결혼식을 꼭 거창하게 해야만 결혼한 것으로 인정하는 관례가 존재하여 젊은 청년들이 결혼이라는 관문에 큰 부담을 느끼고 있습니다. 우리나라 결혼은 남녀가 서로 만난 후 양부모님께 허락을 받아 약혼하고 과다한 혼수를 준비하며 예식장을 예약하고 집을 장만하며 결혼하는 것으로 이 복잡하고 비용이 많이 드는 관문을 통하여만 성사되는 것입니다. 기존의 틀을 깨지 않으면 청년들의 고통은 계속될 것이며 결혼은 점점 어려워질 것이므로 결국은 인구증가도 불가능한 것입니다.

복잡한 결혼을 통해서 가정을 이루는 관례와 관습을 깨고 청년들의 자유로운 만남과 동거를 통한 가정을 이루는 미래를 스스로 결정하기 위해서는 경제적인 뒷받침이 필수적인 것으로 직업을 빨리 가지는 것이 무엇보다 중요한 것 입니다.

또, 요즈음 연예인들을 시작으로 비밀 결혼이나 비공식으로 약식 결혼을 하거나 가까운 친지들만 모시고 식사하며 사진을 찍는 다거나 성직자를 모시고 혼인 서약식을 하는 등 더 간편한 절차로 가정을 꾸리는 절약적인 방법이 많이 있으므로 거창한 결혼식에 얽매여 많은 돈을 소비할 필요는 없는 것입니다.

그리고 내 자녀를 20대에 일찍 결혼하게 하여 최소한 50세 이후에는 친구들과 함께 여행과 취미를 즐기며 손주를 품에 안고 행복해하는 삶을 생각해 볼 수 있으며 노부부만의 아름다운 황혼 생활을 즐길 수 있습니다.

배우자는 목적이 같고 인내심이 많은 사람을 선택하라.

내가 꿈꾸는 드라마에 나올 법한 나만을 위한 배우자는 현실에 없습니다.

내가 원하는 조건을 전부 충족하는 상대는 나보다 더 나은 상대를 찾아 떠나기 마련이므로 나만을 위한 이상적인 짝을 찾는다는 것은 이루어질 확률이 매우 작아 헛된 꿈과 어리석은 생각에 빠져 결혼 시기만 놓치기가 쉽습니다.

그러므로 배우자를 선택하는 가장 기본적인 자세는 나를 좋아하는 사람이 있을 때 그 사람을 향해 다가갈 줄 아는 사람이 현명한 사람이며 가까이 만나는 사람 중 나를 잘 알며 오래도록 가까이 하며 나를 알고 함께 한 사람과 관계를 발전시켜 서로 사랑하며 결혼을 하는 것이 아주 이상적입니다.

사람은 반복되는 일상과 예기치 못한 상황에서 자기 내면의 모습과 습성이 나오기 때문에 오래도록 함께한 사람 중 서로에 대해 많은 사생활을 알고 있는 사람을 선택하는 것이 좋은 이유는 서로 각자의 성향을 잘 알고 있으므로 이해하고 용서하고 함께 하기가 더 쉽기 때문입니다.

결혼식을 생략하고 동거가정을 자연스럽게 시작하는 방법은 부모나 주위 사람에게 알리고 서로를 책임지는 가운데 이루어져야 하며 가능하다면 상대방과 목적과 생활 습관이 비슷하고 삶 속에서 갈등 해결 방법을 대화로 잘 해결하려는 인내가 풍부한 사람이 좋습니다.

결혼 후의 삶은 오래 참고 인내하며 섬기며 사랑하며 성장하는 과정이기 때문에 서로가 부족하고 약점이 있다고 해서 내칠 것이 아니며 인생 끝까지 상대를 책임지겠다는 굳은 각오로 도와주어 하나가 되도록 최선을 다해야 성공의 삶을 살아갈 수가 있습니다.

부부라는 배우자 관계는 서로의 약점을 서로 도움과 섬김으로 보완해주고 채워주어서 사랑으로 감싸며 서로가 하나가 되어 완벽해지도록 끝없이 가정의 미래를 사랑의 공동체로 만들어 나가는 과정이 중요합니다.

가정을 이루려는 사람은 모든 일과 생활과 말과 감정을 배우자를 위하여 절제하여야 하며 가장 먼저 오래 참고 인내하는 습관으로 기다려주고 배려해 주는 것이 좋으며 가능한 종교나 취미 등이 맞고 비슷한 생각을 가진 사람과 함께하면 더 좋을 수 있습니다.

만나지 않아야 할 사람의 유형으로는 연애를 하는 중에 말을 거칠게 하거나 폭력적인 모습, 돈을 흥청망청 쓰는 모습, 이별로 협박하는 모습, 양가 부모님의 흉 거리를 함부로 이야기하며 멸시하는 모습 등이 보이는 사람은 빠르게 관계를 정리하는 것이 좋습니다.

이상적인 사람은 양가 부모님과 관계가 좋으며 어른들에게 예의가 바르고, 진실하고 투명하여 개인적인 핸드폰까지도 서로가 자신있게 공개하는 사람으로 배우자에게 서로 신뢰를 보여줄 수 있는 사람이 가장 이상적이라 할 수 있습니다.

사람은 진리 하나님의 말씀을 듣고 진실하고 올바르게 살아가야 합니다. 마찬가지로 자녀는 세상에서 나를 가장 아끼고 사랑하는 부모님 말씀을 잘 들어야 합니다. 하나님과 부모님 말씀을 듣지 않고 실천하지 않으면 나중에 잘못된 삶의 결과가 본인에게 돌아가게 되어 큰 후회를 하게 되어있는 것입니다. 때문에 어른 공경을 우선시 하는 배우자가 이상적인 이유입니다.

무엇보다도 내가 상대방을 선택하였다면, 항상 상대방을 끝까지 책임지겠으며 어떤 어려움과 환란이 닥치더라도 끝까지 사랑하고 섬김으로 보호하고 안전하게 한다는 생각으로 즐거울 때나 힘들 때나 상대방이 잘못했을 때도 서로 용서하고 죽을 때까지 함께 살아간다는 굳은 마음이 필수입니다.

아이는 독립된 인격체로서 존중하며 돌봐주어야 한다.

내가 조상과 대한민국의 국민으로 혜택을 받고 태어났다면 다시 조상과 국가에 보답을 해야 할 것이나 내가 철이 들어 살아갈 때면 조상님은 이미 돌아가시고 계시지 않으므로 조상님께 보답할 길은 없습니다.

그러므로 세상에서 가장 살기 좋은 대한민국의 안정과 영원을 위해 애국하는 것으로 조상님에게서 받은 은덕과 혜택을 대신 보답하기 위하여 나도 자녀를 2명 정도는 꼭 낳아 잘 양육하여 교육하므로 대를 이어 효자가 되고 애국자의 위대한 삶을 살아야 합니다.

어린아이가 대를 이은 훌륭한 성인으로 자라기까지 양육하기 위해서는 어린아이를 잘 이해하고 사랑하는 마음으로 돌보아 주어야 합니다.

어린아이들은 처음에는 한 가지도 하기 어렵고 스스로 판단하고 해결하는 능력이 부족하므로 최대한 보호하고 바르게 자라도록 도와주어야 합니다.

또 내가 살고 있는 사회의 미래 주인으로 건강하게 성장하여 행복하게 살아가도록 부모로서 책임을 다하며 도와주어야 할 것입니다.

아이가 힘과 능력이 부족하다고 부모의 관리나 지배나 통제와 소유의 대상으로 보는 것은 절대로 아니 되는 것이며 독립적인 존재로 인정하고 존중하고 이해하며 도와주어 스스로 자유롭게 판단하며 살게 해야 합니다.

아이와는 평소에 어른과 똑같은 인격체로 끝까지 대화하면서 인정하며 아이가 하고자 하는 일을 끝까지 존중하고 도와주는 것이 중요하며 아이가 말을 잘 듣지 않더라도 스스로 잘잘못을 인정하고 해결하며 올바르게 성장을 할 수 있도록 끝까지 기다려주고 대화하여 문제를 함께 풀어나가야 합니다.

"그런즉 심는 이나 물주는 이는 아무것도 아니로되 오직 자라게 하시는 이는 하나님뿐이니라."(고전 3:7)

예) 화단의 꽃을 키울 때 사람이 꽃의 성장에 관여하는 일은 물을 주고 반복되는 관심과 돌봄으로 성장을 도와주는 것이 전부이며 꽃이 스스로 햇빛을 받아 물과 영양분을 먹고 자라게 되는 것처럼 자녀 역시 마찬가지로 어린아이들도 생각이 있고 판단을 하나 부족하므로 내가 어린 아이의 수준에 맞추어 끊임없는 대화를 하면서 어린아이 스스로 진실하고 올바로 성장하도록 유도해야 합니다.

부모의 역할은 자녀가 진실되고 정직하고 올바른 길을 걸을 수 있도록 심리적 안정과 의식주를 해결해 주면서 부모가 스스로 모범적인 생활과 좋은 대화를 계속하며 아이가 할 수 없는 꼭 필요한 부분을 해결해 주고 나머지는 아이가 스스로 할 수 있도록 존중하여 스스로 자립심을 기를 수 있도록 기다리며 도와주면서 인내하며 함께하는 것입니다.

또 아이가 청년이 되기 전에 꼭 아이에게 경제적 독립을 하여 자신을 잘 관리하며 살아갈 수 있도록 가르쳐야 합니다. 자발적으로 용돈을 아껴 쓰며, 다음 용돈을 받을 때까지 관리하게 하고, 가능하면 적은 돈이라도 저축하는 습관을 들이도록 해야 하며 가능한 절제하여 필요한 곳에 돈을 쓸 수 있도록 교육시켜야 합니다.

예) 유대인은 자녀에게 일반적으로 주는 용돈보다 더 많은 돈을 지급하고 지급한 돈을 부모와 함께 관리하며 자녀에게 어려서부터 금융과 경제적인 관심과 돈을 운용하는 구체적 감각에 대해 가르쳐줍니다.

경제적으로 독립된 아이는 성인이 되어 자신의 인생을 보다 자신감 있게 관리하며 돈을 사용해야 하는 곳과 절약해야 하는 것을 잘 판단하게 되어 미래를 스스로 관리하며 개척하면서 살아갈 수 있게 되는 것입니다.

나보다 가정과 국가를 위한 공의로운 삶을 살아라.

나보다 가정이나 국가 공동체의 모든 사람을 위해 공의롭게 살아야 합니다.

나 개인만 생각하며 독신으로 살아가는 것은 조상과 국가에 대한 배신이자 있을 수 없는 일로서 벌레와 곤충과 식물들도 짝을 이루며 번식하여 모든 생물들과 공존하며 살고 있다는 것을 명심해야 할 것입니다.

현대의 젊은 세대들은 고생을 하지 않으려고 하면서 편안하게 살면 된다는 이론으로 국가나 조상 대대로 내려오는 질서를 무시하거나 거부하며 살아가는 것은 부모나 나라 없이 나 홀로 태어나 나 홀로 살다가 인생을 마감하는 주장과 같은 것입니다.

세상에서 나를 낳으시고 가장 바른 말씀을 해주시고 바른길로 인도해 주시며 의식주 문제와 학업 등 모든 것을 뒷받침해주시고 노심초사 항상 걱정해주시는 사람은 부모님 밖에는 없다는 사실을 알아야 하는 것입니다. 그러므로 부모님이 내 뜻과 맞지 않는다고 해도 부모님 말씀에 순종하고 효도해야 하는 것입니다.

하지만 개인적인 이기주의가 아니라 각 개인의 특별한 사정에 따라 독신으로 살고 있는 사람들은 예외라고 할 수 있습니다. 만약 조상님들이 자신만을 위한 삶을 살았다면 현재의 나는 존재하지 않았을 것이므로 나보다는 사회의 미래를 위해 남녀가 함께 가정을 이루며 아이를 출산하여 잘 키우고 행복을 찾는 것은 개인과 사회와 나라에 꼭 필요한 일이며 미래 사회를 위한 위대한 삶인 것입니다.

내가 대한민국을 사랑한다면 국가에 대하여 어떤 요구와 불평을 하기 전에 국가에 대한 책임과 의무를 다하여 국가가 튼튼하게 서게 한 다음에 요구를 하여야 국가가 들어줄 수 있고 국민의 도리를 다하는 것입니다.

국가는 개인이 존재하므로 시작되지만 각 개인이 국가에 대한 의무를 다하여 살아갈 때 국가는 건강해지므로 국가는 국민을 보호하고 국민이 안정된 생활을 할 수 있도록 최선의 방법을 취해야 하는 것이 국민에 대한 국가의 의무인 것입니다.

각 개인과 국가는 서로 책임을 다하며 도와주어야 하고 어느

한 편의 일방적인 관계로 존재하는 것이 아니라 서로 스크랩을 짜듯 서로 보호하며 하나가 되는 국민과 국가가 좋은 나라로 발전해 갈 수 있는 것입니다.

먼저 각 개인이 가정을 이루고 후대를 탄생시켜 적정한 인구수가 유지되면서 국민이 교육, 납세, 국방 등 책임과 의무를 다하여 국가를 보호하고 살아갈 때 그 바탕 위에 나라는 경제가 발전되고 외교적으로도 강해질 것입니다.

우리나라는 국민소득이 1인당 3만 달러가 넘었으나 행복 지수 순위는 세계 순위 61위로 경제발전이 급속하게 발전되는 과정에서 빈부의 차이가 심해져 양극화가 발생하므로 약 5%의 국민들만 행복하다고 대답을 했는데 행복 지수가 높은 나라들은 선진국들로서 대부분 기독교 국가들이었습니다.

행복 지수가 낮다는 것은 불만이 많다는 것으로 빈곤의 차이가 심하거나 사회갈등이 심하여 삶의 만족도가 떨어진다는 것이므로 사회보장 제도와 함께 국민통합의 길을 찾아야 하며 반대로 행복 지수가 높은 나라들의 국민들은 선진국의 기독교 국가로서 복지혜택을 넓혀가며 공의로운 삶을 살아가는 국민들입니다.

그렇게 좋은 국민이 존재하여 발전한 나라는 온 국민 전체가 다양한 복지와 연금의 혜택을 누리며 모든 국민이 상생하는 행복한 삶을 살 수 있게 되며 국가는 국민을 보호하고 공의를 세우며 약자를 도와주어 온 국민이 평등하게 살아가게 되는 것입니다.

위와 같이 나 자신이 가정을 이루고 자녀를 낳아 살아가는 것은 국가가 존재하기 위한 초석으로 애국하는 좋은 국민으로 완성되는 길인 것입니다.

나와 대한민국을 지키기 위해 아이를 2명은 꼭 낳아라.

국가가 인구를 유지하기 위해서는 한 가정의 출산율이 2명은 되어야 합니다.

지금처럼 인구 감소가 계속되면 대한민국은 자연적으로 민족이 소멸하여 약소 국가가 되는 길을 가는 것이며 결국에는 전세계에서 최초로 국가가 소멸하는 말도 아니 되는 일이 대한민국에서 벌어질 수도 있습니다.

단적인 예로 북한의 핵폭탄이 서울 한복판에 투하된다는 가정으로 인구가 줄어들고 국가가 망하는 것은 심히 염려하면서 저출산으로 인해 인구가 반 토막 나는 것에 대해서는 두려워하지도 않고 인식이 둔하다면 우리는 각 개인의 작은 노력으로도 국가를 튼튼히 할 수 있다는 것을 명심하고 살아야 되며 이를 간과하는 어리석은 국민들이 되어서는 아니 되는 것입니다.

아이는 내 인생의 보람이자 결실이며 영원한 나의 미래이며 내 행복의 필수요건이며 미래 국가의 주인으로 건강하고 올바른 삶을 살아가게 해야 한다는 것을 꼭 기억하시길 바랍니다.

노후에 자식이 없어서 의지할 데 없는 노인이 얼마나 외로워 보이던가요?

자식은 분신이자 후계자인 동시에 국가와 민족의 계승자로 국가를 떠받치고 있는 기둥과 같아서 대한민국이 영원한 국가로 남는 것이므로 인구 감소는 국가가 스스로 무너지는 자멸과 같은 것입니다.

저출산·고령화 문제를 막는 방법은 지금 젊은 남녀가 20대의 빠른 시간 내에 모두 가정을 이루고 자녀를 2명 이상 출산하는 것입니다.

1자녀 비정상 역삼각형 가족 구조

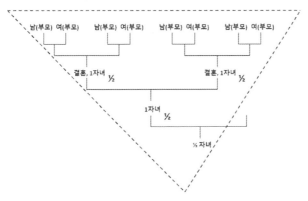

1자녀 이하를 계속 낳을 경우 내 자녀가 나와 사돈의 두 부모를 모시는 구조가 되어 나는 의지할 곳이 없게 되고, 자녀는 큰 부담을 안게 되면서 국가는 점점 소멸하게 됩니다.

지금처럼 자녀를 1명 이하만 낳는다면 미래에 자녀 한 가정이 두 부모를 부양해야 하는 것으로 내 자신이 의지할 수 있는 터전을 포기하는 것이 되며 자녀에게는 큰 비극의 짐을 지워주는 것이므로 절대 있어서는 아니 되는 것을 명심하여 2명의 자녀는 꼭 유지해야 하는 것입니다.

최소한 자녀를 2명은 낳아 1대 1의 구조를 만들어야 자녀와 미래 사회의 부담이 줄어드는 것으로 한 가정 당 2명을 출산하므로 국가 기반과 가정이 무너지지 않고 계속 유지되도록 해야 하는 것입니다.

최소한 두 자녀를 낳기 위해서는 국가에서 각종 혜택을 주는 제도를 고려해 보아야 합니다. 예를들어 놀이공원 추가할인. 도서관. 박물관. 콘도. 대중교통. 마트 할인. 카드포인트 추가 적립 등 여러 가지 혜택을 주는 것을 고려해 보아야 할 것입니다.

과거 우리 부모님들은 먹을 것이 없고 잠을 잘 곳이 여의찮아 생활의 어려움이 이루 말할 수 없이 힘이 들 때도 아이들을 낳아 최선을 다해 기르면서 조상으로부터 이어지는 집안이나 가정이나 국가에 대한 책임과 의무를 다하셨습니다.

우리가 대한민국에 태어나 국가가 있어서 이제까지 부모님과 국가의 도움을 받고 살아왔다면 국가와 부모님에게 도움을 드리지는 못할지라도 어렵다는 핑계로 스스로 국가가 망하는 길을 선택해서는 절대로 아니 되는 것입니다.

내가 한 자녀만 낳고 30년 후에 내 자녀가 또 한 자녀를 낳았다면 나의 관계를 한 번쯤은 생각해 보아야 하는 것은 자녀의 가정은 한 가정이나 부모가 양가 부모님이 계시게 되므로 자녀 한 가정이 두 부모님 가정을 모시는 결과가 되어 내가 최선을 다해 키운 내 자녀에게 나 자신인 부모가 자녀에게 큰 짐을 지우는 결과가 됩니다.

2자녀 정상 1대1 가족 구조

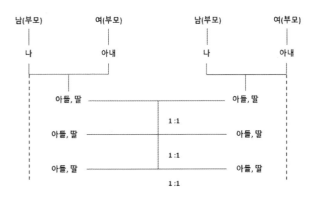

계속 2자녀를 낳아 1:1 구조로 부모와 자녀가 유지되면 인구 증가는 최소한 줄어들지 않고 가정 구조도 무너지지 않고 유지하게 됩니다.

그러므로 자녀는 2명을 꼭 낳아야 하며 1명을 낳게 되면 결국은 내가 내 자녀에게 불행을 안겨주는 것으로 위의 표와 같이 1가정에 2자녀를 낳아 인구가 유지되도록 해야 하는 것이 기본적인 삶입니다.

아이를 낳는 것은 남녀가 만나 세상을 살아가며 가장 소중한 목적을 이루는 소중한 축복이며 자랑스러운 일인 것입니다. 아이는 내 인생의 완성으로 가는 길이며 내가 영원해지는 것으로 늦둥이도 포기하지 않아야 하는 것은 새 생명은 세상에서 가장 소중하기 때문입니다.

세상에서 가장 중요한 것은 내가 행복하게 사는 것과 자녀에게 행복한 미래를 물려주는 것입니다. 그러나 행복을 추구한다면서 아이를 낳지 않는 다거나 1명만 낳으므로 자녀에게 불행을 물려주고 있는 것이 사실입니다. 나와 내 자녀가 불행해지고 내 나라가 불행해지는 일은 절대로 없어야 합니다.

우리가 내 삶의 어려움을 이유로 한 자녀만 낳아 기르는 것과 내 자녀가 미래에 살아가는 것을 걱정하여 한 자녀를 낳아 기르는 것을 이해는 할 수는 있으나 내 자녀가 결혼하여 살아가는 시대에는 인구가 줄어들어 지금보다 더 힘든 삶을 살아가게 되며 내 자녀가 두부모 가정을 돌보아야 하는 비극이 발생 될 수가 있으므로 꼭 두 자녀는 낳아야 하는 것이 기본입니다.

저출산은 국가의 미래를 약하게 하고 어둡게 한다.

대한민국은 6.25 직후 세계에서 가장 가난한 빈민 국가였으나 약 70년이 지난 지금의 2020년에는 선진국으로 편입되어 도움을 받는 국가에서 도움을 주는 국가로 바뀌었고 현대 사회에서 가장 많이 발전한 국가로 세계 어느 나라보다도 살기 좋은 나라로 바뀌었습니다.

그러나 대한민국은 선진국으로 발표되던 같은 해 2020년부터 인구가 자연적으로 감소하기 시작하여 샴페인을 터뜨리자마자 불행이 시작되었습니다.

　출산율도 OECD 국가 중 최저 수준으로 떨어진 데다 신종 코로나 바이러스의 여파로 혼인 인구까지 줄어 30년 후엔 인구의 절반 이상이 줄어들고 노인 인구가 급증하여 일할 사람도 없게 되므로 대한민국의 미래는 후진국으로 되돌아가 약소 국가가 될 수 밖에 없는 것입니다.

　지금 청년들은 집값이 높다 일자리가 없어서 취업이 잘 안 된다는 이유로 결혼을 하지 않거나 결혼을 하고도 아이를 한 자녀를 낳거나 아예 낳지 않는 사람들도 있으나 혼인을 하지 않고 아이를 낳지 않으면 아예 집값은 폭락하는 것은 두 번째이고 대한민국은 빈집이 많아서 유령 도시가 될 것입니다.

　시대의 흐름은 계속 변화고 있어서 그 시대의 삶의 어려움은 항상 존재하는 것으로 시대의 흐름은 때가 되면 다시 좋은 환경으로도 바뀔 수가 있고 세상 흐름의 좋은 문제나 나쁜 문제도 모두 그 시대를 살아가는 사람들이 감당하며 헤쳐 나가야 하는 문제라는 것을 알고 감수해야 하는 것입니다.

우리는 자녀를 낳아 키우기 힘들다고 하소연하지만 아이는 낳은 순간부터 스스로가 독립적인 존재로 아이가 먹고사는 문제는 다 가지고 태어난다는 것이며 잘 키우든 잘못 키우든 최선을 다해 키우면 되는 것으로 부모의 모든 책임은 아닙니다.

　아이를 키우는데 교육비 문제를 걱정하지 않아도 되는 것은 과거처럼 모든 과목 공부를 다 잘하게 하려고 학원에 보내는 것이 아니라 아이가 잘하는 과목이나 직업이 되는 공부를 특화하기 위해 학원을 약간만 보내면 되는 것이며 국가에서는 유치원에서부터 고등학교까지 무상교육을 하고 있으므로 큰 걱정은 하지 않아도 될 것입니다.

　결과적으로 삶의 어려움을 이유로 결혼을 하지 않고 아이를 낳지 않는 것은 나 자신의 존재를 부정하는 것이며 국가 존립을 부정하는 것입니다.

　과거 선조들은 한일합병으로 36년간 고난의 세월을 살았고 6.25전쟁으로 전국토가 황폐되고 먹을 것이 없을 때에도 나라를 지키며 경제 발전을 이루었습니다.

　그러나 현대의 젊은이들이 결혼을 하지 않고 아이를 낳지 않는 것은 창조주의 뜻을 거스르는 것이며 조상에 대한 불효요 대한민국을 부정하고 내 개인만 생각하는 이기주의와 편의주의와 무능한 삶의 결과를 나타내는 창피스러운 일이라는 것을 알아야 합니다.

내가 살아가는 국가가 존재하기 위해 선조들이 많은 피를 흘리시고 국가를 독립하게 하고 살리신 일들이 얼마나 많이 있었던 것을 생각하고 나 자신이 국가를 위해 가장 기본적으로 해야할 작은 일이 무엇인지 본연의 자세로 돌아가 생각을 심도 있게해보아야 하는 것입니다.

대한민국의 초고령 사회 진입을 앞둔 지금의 시점에서 시골이나 지방 도시는 이미 인구 감소가 심해지고 있는 것을 볼 수있으며 인구 감소는 내수 위축으로 경기 침체의 지름길이며 경제가 후퇴하는 길로서 국가의 재정이 약해지면 모든 시설이 노후화 되어도 보수가 힘들게 될 것이 뻔한 것을 알 수 있으므로우리 스스로 나와 내 후대가 살아가는 세상을 더 발전 시키지는못할지라도 더 나쁜 방향으로 가게 해서는 아니되는 것입니다.

그리하면 경기 침체로 인한 출산율 저하의 악순환은 끊임없이 계속되어 우리나라는 갈수록 국력을 잃게 되며 내가 낳은 자식들과 후손들에게 큰 짐을 지게 하는 것입니다. 따라서 절대로디플레이션의 국가가 되어서는 아니 되는 것입니다. 하나의 국가는 국토적인 면도 있으나 사람이 국가를 이룬다는 것을 명심하고 인구의 보전을 꼭 지켜야 합니다.

경제 활동을 하는 인구가 줄어들게 되면 복지 비용은 반대로 부담이 늘어가게 되어 국민의 세금 부담이 증가하고 사회 구조가 뿌리째 흔들리는 충격을 겪게 되며 궁극적으로 성장 저하, 재정 악화, 연금 고갈, 의료보험 비용 증가, 사회의 모든 시설의 노후화 등의 문제를 발생시키게 될 것입니다.

현재 대한민국은 영토는 좁지만, 경제력과 국방력이 높은 수준에 속합니다.

인구수가 계속 줄어 국력을 잃으면 강력한 군을 유지할 수 없어서 외세의 침략을 막을 수가 없고 또 외교 정책에서도 활발하게 뜻을 펼칠 수가 없어서 항상 손해 보는 협약을 할 수밖에 없는 위치에 서게 되는 것은 물론 국가가 스스로 자멸하는 길로 가기에 결코 그렇게 되어서는 안 될 것입니다.

저출산은 이렇게 나라의 모든 정세를 어둡게 하는 큰 문제가 되므로 지금 이 시간부터 심각하게 생각하고 청년들이 20대에 혼인을 적극적으로 하도록 하여 우리나라 전체가 변화되어 달라지도록 해야 합니다.

대한민국의 미래를 위해 선진국의 이성관을 한번 살펴보자.

스웨덴 대학생들의 인터뷰 내용입니다.

"우리는 애인을 처음 사귀자마자 부모님께 말씀드려요.

부모님은 서로 좋아하면 같이 살아야 한다고 말씀하세요.

동거로 가정을 이루지 않으면 오히려 부모님이 계속 혼자 살아갈까봐 걱정하세요.

성인이 되면 우리나라에서 동거하여 가정을 이루는 것이 보편적이에요.

동거로 가정을 이루는 것은 그냥 우리 문화예요. 저희 할머니도 20대에 다 동거로 시작하셨어요."

"스웨덴은 고등학교를 졸업하면 부모에게서 반드시 독립해야 해요.

성인이 되어서도 독립하지 않고 20대 중반에 아직도 가족이랑 같이 살면 사람들이 이상하다고 생각해요.

다들 독립해서 살다 보니깐 동거로 이루는 가정도 그만큼 많아질 수밖에 없는 것 같아요."(강수환, 외국인 학생이 들려주는 다른 나라 동거문화 참고)

스웨덴의 젊은 사람들의 생각 속에는 동거를 통해 가정을 이룬다는 인식이 있으며 이것은 단순 젊은 세대의 문화가 아닌 사회 전반의 문화로 고등학교 졸업 후 성인이 되는 순간에 부모를 떠나 독립을 하는 과정이 자연스러운 것이며 성인이라면 나를 스스로 책임지며 살아가도록 하여 가정을 이루는 것이 자연스러운 수순인 것입니다.

선진국에서 동거가정은 30~40년 전부터 보편화되었으며 가족에게 상대방 이성을 새로운 가족으로 소개하는 자리이자 자연스럽게 가족으로 받아들이기 위해 적응하는 시간이며, 자식의 행복을 위해 자식이 스스로 결혼에 대비할 수 있도록 부모가 응원해주는 시간으로 인식됩니다.

한국 사회에선 혼전 동거가 아직 눈총을 받는 실정이지만 영국 및 유럽의 많은 선진국 국가에선 동거하며 미리 함께 살아보면서 서로를 알고 협의하여 함께 사는 법을 배우는 인생에 꼭 필요한 일이자 경제적이고 합리적인 일이라고 생각합니다.

우리나라 1인 가구가 주민등록 기준으로 40%가 넘었으며 그 중 1/2이 대부분 원룸에서 살고 있다는 보도를 보았을 때 남녀가 같이 동거로 가정을 이루게 되면 주택의 여유가 많이 생겨서 주택 문제도 해결되리라 생각하며 인구 정책이나 여러 가지 주거 생활 비용도 줄어들게 될 것입니다.

동거로 20대 초반에 빠른 가정을 이루는 청년들이 가정을 이루기 위해 원룸 보증금이 필요할 때 법령을 재정하여 동사무소에서 보증금 차용 서약서를 받고 일정액의 보증금을 지원하여 안정적으로 동거가정을 시작하게 한 다음에 아이를 낳게 되면 보증금 변제를 면제하고 만약 아이를 낳지 않고 고의적으로 해어지게 된다면 서약서대로 다시 차용금을 돌려받으면 될 것입니다.

청년들이 국가나 가정의 책임과 의무를 회피해서는 절대로 안 되는 것입니다. 내가 살아갈 미래 사회를 스스로 걱정하고 하나씩 완성하며 책임지고 실천에 옮기는 삶을 산다면 대한민국의 미래는 보장되는 것입니다.

우리나라처럼 결혼 후 4년째에 이혼율이 가장 높다는 통계가 있지만 이것은 서로의 단점을 감추고 이상적인 결혼의 삶만 기대하고 결혼하였기 때문입니다.

결혼의 행복 조건을 자신으로부터 해결하려고 하는 것이 아니라 상대방에게 찾으려고 할 때 서로 책임을 떠넘기며 문제가 발생하는 것으로서 성인이 되면 서로의 만남 속에 많은 대화를 하고 책임 있는 자세를 가져야 합니다.

갑자기 만나 상대의 경제력이나 지적인 좋은 환경만 보고 거창한 결혼을 하고 허황한 결혼생활을 꿈꾸는 것은 자신의 능력은 부족하더라도 타인으로부터 행복을 찾으려는 어리석은 삶인 것입니다.

비록 가난하여 어려운 환경에 처해 있더라도 자신과 뜻이 맞는 사람과 일찍 교제하고 함께하며 미래를 설계하여 지금의 어려움을 잘 극복하여 미래를 예약하는 것이 더 이로운 것입니다.

동거가정을 시작할 때 원룸에서 시작하든 전세와 월세로 시작하든 처음에는 어려움이 따르겠으나 더 중요한 것은 어떤 직업이든 직업이 있는 상태에서 시작하는 것이 좋을 것이며 직업이 있는 상태에서 열심히 함께하며 살면 시간이 지나감에 따라 꼭 성공하게 될 것입니다.

시작은 미약하였으나 네 나중은 심히 창대하리라 (욥8:7)

선진국의 동거 생활과 결혼관

OECD 국가 전체에서 평균적으로 출생한 아이들의 40.7%가 결혼 전에 동거가정으로 아이를 낳는 출생 비율로 인구의 절반을 차지하고 있습니다.

그러므로 대한민국이 경제적 선진국이 되었다고 떠들고 축배만 할 것이 아니라 직업을 빨리 선택할 수 있는 공부를 기본으로 직업에 성공하여 경제적인 독립을 빠르게 하여 청년들이 성인이 되면 자유로운 이성 간의 만남을 시작으로 가정을 이루도록 하여 출산율 선진국으로 빨리 변해야 할 것입니다.

가장 동거가정의 출생 비율이 높은 나라로는 칠레(73.7%), 코스타리카(71.8), 아이슬란드(70.5%) 등이 있었고 50% 이상의 혼외 출산을 기록하여 인구가 증가 추세로 바뀌는 나라로는 프랑스, 노르웨이, 스웨덴, 덴마크 외 많은 나라들이 있었습니다.

이제 우리나라에서도 부모가 자녀에 대한 수고는 고등학교 졸업까지만 하고 자식은 고등학교를 졸업하거나 성인이 되면 스스로 미래를 책임지고 부모를 떠나 독립적으로 살아가며 책임 있는 미래를 적극적으로 열어가야 합니다.

그 외에도 스페인 47.3%, 호주 35.3%, 캐나다 33%로 전반적으로 높은 수치를 기록하고 있으나 그와 대조적으로 일본, 중국, 한국, 터키의 혼외 출산율은 2~3%를 기록할 정도로 낮습니다.

우리나라는 수천 년 전부터 전통으로 내려오는 도교나 유교적인 사상에 물들어 있어서 과거 조상으로부터 내려오는 자녀에 대한 사랑이 끝이 없고 자녀들 또한 부모와 죽을 때까지 정신적으로 잘 분리되지 않는 것이 사실입니다.

　그러나 지금은 대가족 시대를 지나 핵가족 시대를 맞이함으로써 개인주의가 난무하여 결혼을 포기하거나, 결혼은 하였으나 1자녀를 낳고 살아가는 가정이 너무 많아서 집안의 후대가 살아지고 가족 관계가 무너지며 국가가 존립 위기 속에서 미래 사회를 책임지고 갈 청소년들이 줄어들고 있는 것이 사실입니다.

　아이를 낳지 않는 것은 행복 지수와 연관이 있을 수가 있습니다.

　젊은이들이 과거 부모님 세대들보다 의식주 문제 등 모든 면에서 더 좋아진 시대를 살아가는 것이 사실이지만 핵가족 시대를 거치면서 자녀에게 대한 과잉보호를 하여 자녀들 스스로 모든 일들을 헤쳐나가는 것들이 약해져 상대적으로 세상을 살아가는 적응력이 떨어진 것이 사실이므로 자립정신을 바탕으로 한 더 강한 정신력으로 살아야 할 것입니다.

　현재의 부모님들은 먼저 자녀가 미래에 독립적으로 잘 살아가기 위해 공부하는 목적과 자녀의 능력에 따라 직업을 선택하여 경제적인 능력을 빨리 이루어 20대에 가정을 이룰 수 있도록 자녀에 대한 미래 목적을 분명히 설정하여 양육과 교육을 하여야 합니다.

자녀는 성인이 되는 순간 무조건 독립적인 삶을 살 수 있도록 중, 고등학교 다닐 때부터 미리 직업을 교육하고 준비하여 고등학교를 졸업하면 빨리 독립하여 스스로 미래 삶을 살 수 있도록 하기 위해선 무조건 부모와 떨어져서 살아야 합니다.

행복한 삶을 살기 위해서는 가능한 가정을 빨리 이루도록 해야 하는 것은 자녀가 20대에 건강할 때 가정을 이루어 아이를 낳고 노후에 여유로운 삶을 살기 위함이며 부모 또한 빨리 자녀를 내보내고 평안한 삶을을 찾아야 하기 때문입니다.

예) 저자는 초등학교를 졸업하고 중학교 1학년부터 기숙사 생활을 시작으로 독립하였고 고등학교에서는 자취하며 학교에 다녔으며 고등학교 졸업을 한 후에는 즉시 아무도 의지할 곳이 없는 타향으로 가서 홀로서기를 하였습니다.

타향 땅에서 삶은 외롭고 고독하였으며 모든 결정을 스스로 해야 하며 경제적으로 살아남기 위해서 죽을힘을 다해 노력하였으며 결혼도 직업은 있었으나 단칸방의 열악한 상태에서 결혼하여 열심히 살아온 결과 10년 후에는 집을 마련하였습니다.

그 후 직업에 대한 완벽한 성공으로 사업을 시작하여 2022년 현재에도 중소기업을 운영하고 있으며 국제적인 NGO 단체를 2011년에 설립하여 어려운 사람들을 지원하며 생명을 구원하는 일을 하면서 보람 있게 살고 있습니다(김현식, 『무에서 천까지』 참고).

아이들을 가능한 일찍부터 스스로 살아가도록 자립심을 가지고 스스로 공부하게 하고 스스로 결정하는 독립적인 교육은 어려서는 힘이 들고 부모님에게는 자녀에 대하여 안타깝게 생각할 수가 있으나 오히려 자녀를 강하게 키울 수 있는 좋은 기회가 되며 성인이 되어서는 흔들리지 않는 강한 삶을 살 수 있게 할 것입니다.

유교적인 사상으로 뿌리가 내린 동북아시아 국가들의 결혼관은 개인 간의 만남이 아니라 집안과 집안이 만난다는 것입니다. 이는 청년들의 개인이 스스로 판단하고 살아가야 하는 삶을 부모들의 생각과 전통적으로 내려오는 유전적인 사고방식으로 부모가 통제하며 제한하고 있는 것이 문제가 되고 있는 것으로 옛것은 참고만 하고 과감히 내 스스로 나만을 위한 미래 삶의 결정이 꼭 필요한 때입니다.

선진국의 젊은 세대들은 점점 자신들의 스스로 자유로운 선택으로 가족 형태의 다양화 길을 가며 자유 속에서 스스로 자신과 가족과 사회를 책임지는 삶을 살아가면서 동거가정의 출산율이 높아가는 것은 그만큼 고등학교에 다니면서 각 개인의 미래 직업을 완성하고 가정을 이루는 설계까지 교육하고 있으며 학생들 몸으로 스스로 느끼고 실천하도록 교육하는 것입니다.

이제 대한민국은 세계 최저 출산 후진국으로 가고 있습니다. 이를 부끄러움으로 알고 선진국 직업관과 출산율을 배우며, 청년들이 미래 사회를 책임지는 자세의 변화가 적극적으로 이루어지도록 국가 차원의 지원이 필요합니다. 특히 중·고등 학교에서부터 직업교육을 철저히하여 성인이 되면 가정을 이룬후 안정적으로 생활할 수 있도록 하고 임신, 육아, 교육 주거 등 체계적으로 연결되는 완벽한 지원이 필요합니다.

지금 이 시간부터 변화하여도 많이 늦습니다. 지금도 최하위 출산국이므로 지금 변화한다고 해도 가장 늦으므로 지체할 시간이 없다는 것을 크게 깨닫고 즉시 실천해야 하는 것입니다.

출산율 / 동거가정 출산 비율 최상위 국가

출산율(명)		혼외 출산 비율 (%)
1.9	칠레	71.1
1.8	코스타리카	69.4
1.9	아이슬란드	66.9
2.2	멕시코	64.9
1.5	불가리아	58.8
1.6	슬로베니아	58.3
2.0	프랑스	56.7
1.8	노르웨이	55.2
1.9	스웨덴	54.6
1.7	덴마크	52.5

▶ 동거가정의 출산 비율이 50%가 넘는 12개국: 벨기에, 덴마크, 스웨덴, 노르웨이, 프랑스, 슬로베니아, 에스토니아, 불가리아, 멕시코, 아이슬란드, 코스타리카, 칠레 등의 국가들의 장래는 밝은 것이 사실입니다.

동거가정으로 출산율이 50%가 넘는 국가들은 인구가 줄어들지 않고유지하거나 약간 상승하므로 건강한 가정과 국가로 나아가고 있는 것이므로우리나라에서 배우고 더 다가가야 합니다.

출산율 / 동거가정 출산 비율 최하위 국가

출산율(명)		혼외 출산 비율 (%)
1.6	리투아니아	29.0
1.4	몰타	25.9
1.3	폴란드	24.4
1.3	키프로스	18.6
1.5	크로아티아	17.4
1.3	그리스	8.2
3.1	이스라엘	6.3
2.2	터키	2.8
1.4	일본	2.3
1.2	한국	1.9

▶ 동거가정의 출산 비율이 10~30%가 넘지 않는 나라가 있는 반면 10%가 되지 않는 나라들: 중국, 한국, 일본, 터키, 그리스가 있으며

▶ 그중에서도 3%를 채 넘지 못하는 터키, 중국, 일본, 한국의 출산율은 세계 최하위 출산율 후진국입니다.

▶ 스웨덴 동거 법: 스웨덴은 1988년 동거 법을 시행하여 동거 커플에 법적인 사실혼으로 인정하여 임신·출산·보육 차별 없이 지원하고 있습니다.

▶ 네덜란드 동반자 등록법: 네덜란드는 1988년 동거 법 등을 3가지 형태로 구분해 계약하도록 하고 동거를 허용하여 혼인자로 동일한 법적 의무·권리를 인정하므로 자유로운 동거를 할 수 있도록 제도를 만든 것입니다.

▶ 2015년 도쿄 시부야구 '파트너십 증명 제도': 동거하는 두 성인을 법률상 혼인에 상응하는 관계로 인정하였습니다.

▶ 프랑스 시민연대계약(PACS): 결혼 절차를 거치지 않고도 동거하는 남녀에게 부부에 준하는 사회적 보장을 지원받으면서 혼외 출산율은 60%에 이르는 놀라운 인구가 증가를 기록하였습니다.

▶ 우리나라보다 약 30년 전부터 일찍 가족 형태의 다양화를 인정하고 법적인 보호 제도를 시행한 국가들은 인구가 소폭 증가세로 돌아선 것을 표로 볼 수 있습니다.

가족 형태 다양화와 인구 증가율

	2000	2010	2019	
9,000				
8,000				독일
	82,163,475명	81,802,257명	83,019,213명	
7,000				프랑스
6,000			67,012,883명	
	60,545,022명	64,658,856명		
5,000				
4,000				
3,000				
2,000				네덜란드
1,000	15,863,950명	16,574,989명	17,282,163명	스웨덴
	8,861,426명	9,340,682명	10,230,185명	
0				

　요즈음 유행하는 말이 "최고의 혼수는 임신이다."라는 말이 있는데 이 말은 부모님들이 자녀가 결혼을 하지 못하고 있는 것을 안타까운 심정에서 묻어나온 말입니다. 우리나라도 이제는 넓은 범위의 가족 형태를 인정하고 동거가정에게 우선적인 지원을 하므로 아이를 낳도록 유도하고 실질적인 도움을 주어야 합니다.

　지금처럼 우리나라 인구가 계속 줄어들고 외국인 고용이 많아지다 보면 외국인들이 우리나라를 차지하는 비율이 점점 높아져 한민족의 정체성을 잃게 될 수밖에 없으며 국가를 책임질 사람도 점점 줄어들어 간다는 것입니다.

언어와 종교, 문화, 생활 습관 등 다방면에서 혼란스러운 상황을 후손들에게 물려주는 안타까운 사실을 모두가 외면하고 살아야 하는지 국가 지도자들과 기성세대와 청년들이 모두 심각하게 받아드리고 신속하게 변화하여야 합니다.

동거가정으로 시작하는 청년들은 대부분 20대이므로 다음 세대의 주기가 평균 25세라고 하면 30세를 넘어 결혼한 사람들과 차이가 10년 주기가 더 빨라지므로 인구 보전에 큰 도움이 되고 또 자녀가 20대에 빨리 결혼하면 부모는 50대에 평안한 삶을 시작할 수가 있는 것입니다.

청년들의 동거가정이 시작되면 국가에서 20대 동거가정에 필요한 보증금, 월세 등을 과감하게 지원하고 아이를 낳아 기르도록 하며 아이를 낳은 후에는 보육의 사회적 책임을 맡아주는 그런 제도적 변화가 필요합니다.

청년들이 동거가정을 이루려면 직업이 있어야 가능하므로 직업을 빨리 선택하여 경제적인 독립을 할 수 있도록 최소한 중, 고등학교에 다닐 때 직업에 대한맞춤 공부를 하여 60%의 학생들은 고등학교를 졸업하고 직업전선에 뛰어들어 직업에 안전을 가지므로 동거가정을 빨리 이룰 수 있는 기반을 갖추어야 20대 빠른 동거가정이 가능한 것입니다.

젊은 청년들은 미래 사회를 세워가는 중요한 존재들이므로 이 청년들이 튼튼한 삶을 위하여 최대한 자신들이 원하는 삶을 살아가게 하며 국가를 위한 봉사와 의무를 다하고 국가는 경제적으로나 사회보장의 제도적인 지원을 청년들에게 완벽하게 하여야 할 것입니다.

예) 청년들이 결혼에 가장 걱정하는 것이 유아 교육과 주택이라면 20대에 동거가정이나 결혼하여 아기를 낳는 부부에게 우선적으로 땅을 임대하고 건물만 장기 저리로 융자하는 주택을 공급하거나 보증금, 월세를 지원하고 돌봄 아이들의 서비스를 유아원과 유치원에서 퇴근시까지 보장하는 제도들을 실행하며 아이들을 키우는 부담을 확실하게 줄여주어 동거가정이나 결혼을 빨리할 수 있도록 유도해야 합니다.

출산 장려 정책의 도움을 받아 행복한 가정을 완성하자

2021년도 인구 문제 극복을 위한 예산 총액은 72.7조 원입니다. 그중 저출산 분야 46.7조 원의 예산을 살펴보면 저출산 분야(청년·신혼 부부, 난임 지원, 다자녀 주거 지원 분야)에 약 23조 원 투입되었고, 양육비 부담 완화(아동 돌봄, 보육 지원) 등 약 17.6조 원이 배정되었습니다.

지난 15년간 225조 원의 예산이 투입되었음에도 2020년 기준으로 출산율이 0.84명으로 더 떨어지고 있으며 올해 상반기 출산율은 작년보다 7.7%나 더 줄었다고 하니 기존 정책에 문제가 있는 것이 분명한 것입니다.

가장 큰 문제는 현재까지 아이를 임신하여 양육하는 곳에만 예산을 집중하였으나, 원인은 남, 녀 간의 만남 자체가 이뤄지지 않아 결혼에 이르지 못하여 결국은 가정이 형성되지 않으므로 자녀를 기대할 수 없게 된 것입니다.

청년들의 결혼 문제는 갑자기 발생한 것이 아니라 고등학교에서 직업에 맞는 맞춤 공부를 하지 않아 비전문직으로 사회에 진출되어 직업의 선택이나 취업이 되지 않으므로 결국은 능력 없는 청년들이 경제적인 자립도 잘되지 않으면서 자신감이 떨어져 동거나 결혼으로 이어지지 않는 것이 사실입니다.

지금부터라도 우리나라 교육 정책은 초등학교 4년 정도부터 직업을 선택하고 중학교부터는 모든 교육이 직업중심으로 바뀌어야 하며 심지어는 지방마다 학교에서 가까운 회사들의 필요한 인력을 고등학교에서 조사하여 회사에서 필요한 인력을 맞춤으로 양성하여 100% 취업이 되도록 하여야 할 것입니다.

이제는 선진국의 성공사례를 살펴보며 남녀가 만남과 동거를 자유롭게 하며 가정을 신속히 이룰 수 있도록 예산을 대폭 지원해야 할 시점입니다.

　동거가정, 사실혼, 입양가족, 위탁 가족까지 가족의 개념을 넓히고 재산이나 상속 등에서 법적 권리를 보장하고 각 개인이 자유롭게 폭넓은 선택을 하도록 맡겨야 하며 가정의 문제는 가족 구성원의 결정을 최대한 존중해야 합니다.

　현재 우리나라 실정은 여성들이 미래 배우자가 될 남성이 직장이 없거나 나보다 조금이라도 못하다고 생각하면 결혼을 회피하여 농촌·어촌 기능직장, 3D 업종에서 종사하는 남성들이 동남아, 동북아, 중앙아시아까지 혼인 상대자를 찾아 결혼을 하고 있으나 우리나라 여성들이 미혼으로 살아가는 경우가 많이 있는데도 서로 짝을 찾지 못하는 것은 청년들에 대한 국가의 제도적인 큰 문제가 있는 것입니다.

　그러므로 직업에 대한 체계적인 교육을 우선으로 하며 안정된 직장을 얻어 남녀가 빨리 만나서 결혼하도록 도와주고 경제적 부담을 줄이도록 하여 쉽게 가정을 이루는 방향을 잡도록 대폭 지원하는 법 제도를 만들고 언론이나 방송에서는 미래 사회 개혁 차원의 캠페인을 적극적으로 홍보하며 인구 감소를 막는 제도로 신속하게 실천해 나아가야 합니다.

그런 후 안정된 직장을 얻어 남녀가 빨리 만나서 결혼하도록 도와주고 경제적 부담을 줄이도록 하여 쉽게 가정을 이루는 방향을 잡도록 대폭 지원하는 법 제도를 만들고 언론이나 방송에서는 적극적으로 홍보하며 인구 감소를 막는 제도로 신속하게 실천해 나아가야 합니다.

젊은이로서 대한민국 미래의 책임과 의무를 다하자

우리나라 인구가 현 상태로 계속 감소한다면 30년 뒤 우리나라는 현재 인구가 $\frac{1}{2}$로 줄어들며 70대 이상 노인이 인구 절반을 차지할 만큼 고령화 현상이 심각해진다면 경제적으로 활동할 수 있는 인구는 전체 인구의 $\frac{1}{4}$로 줄어드는 비극이 일어날 수 있습니다.

그러므로 현재 청년들이 직업을 최대한 빨리 갖도록 하여 경제적으로 독립하도록 도와주므로 20대에 가정을 이루도록 하고 2자녀 이상을 낳도록 유도하여 일하는 사람보다 부양할 인구가 더 많아지지 않도록 해야 하며 한 자녀가 두 가정의 부모를 부양하는 미래가 발생되면 절대 안 되는 것입니다.

한 자녀를 낳는 것은 내가 온 정성을 다해 키우고 결혼시킨 자녀에게 고통을 유산으로 물려주는 것이며 아예 아이를 낳지를 않는 것은 내 미래를 소멸시키는 것으로 내 자신의 미래는 없는 것이며 조상의 대를 끊어 버리는 것으로 불효이며 국가적인 비극이라는 것을 알아야 합니다.

앞으로 우리나라의 모든 인구 정책은 청년들이 자유로운 만남으로 동거가정을 통해 가능한 한 가정을 빨리 만들어 가도록 사전에 직업 교육을 철저히 하고 안정된 직업을 바탕으로 경제적으로 빠른 독립과 함께 자유로운 만남과 결혼으로 가정을 가지며 아이들을 낳도록 최대한 지원을 해야 합니다.

유치원부터 대학까지 약 20년 동안 공부만 하였으나 사회에서 다 사용하지도 않을 공부를 억지로 강요 하였던 것이 대한민국의 교육 정책입니다.
유치원과 초등학교에서 삶의 기본적인 공부는 마쳤으므로 중. 고등학생 때는 미래 직업에 맞는 공부를 중점적으로 하여 고등학교 졸업 후 60% 정도의 학생들은 빨리 직업을 선택해야 합니다.

고등학교 졸업 후 빠른 직업의 선택은 대학을 졸업한 학생들의 취업난을 해소할 수 있으며 젊은 인력 낭비를 막으며 기술

강국과 경제적 독립으로 가정을 일찍 이루어 일찍 자녀도 나아 안정적인 가정의 삶을 살 수 있게 되는 것입니다.

빠른 직업의 선택으로 경제적으로 안정된 삶을 이루게 되면 자신 있는 이성 교제와 결혼으로 연결되므로 국가는 중, 고등학교에서 직업에 맞는 조기 교육하도록 정책을 시급히 변화시켜야 합니다.

미래 역사의 주역인 청년들은 앞길을 미리 염려하지 말고 직업선택을 빨리하여 용기 있게 사랑을 쟁취하고 내 가정을 만들어 자신 있게 살아가도록 국가의 교육 방향이 하루속히 바뀌어야 하며 젊은 청년들은 취업난과 현재 사회의 어려움만 말할 것이 아니라 한 가지 직업을 성공시키며 경제적인 독립을 얻기 위해 열심히 앞으로 나아갈 줄 아는 젊은이들이 되어야 합니다.

출산율 세계 최하위 국민의 책임과 의무를 다하자

대한민국은 과거 6·25 이후에 18~20세에 결혼하여 4명~12명씩 아이를 낳아 인구가 폭발적으로 불어나 베이비붐 시대가 계속되어 경제 발전에는 엄청난 도움이 되었었던 것이 사실입니다.

그러나 식량 자급자족의 문제가 발생하면서 다자녀 출산을 방지하기 위해 두 자녀만 낳아 행복하게 살자는 정책을 펼친 이력이 있지만, 지금은 식량이 남아도는 시대임에도 불구하고 그 이력이 무색하리만큼 현재 출산율은 20년 기준 0.84명 이하까지 줄어가고 있습니다.

출산율이 준다는 것은 청소년들의 직업 교육 부족으로 취업이 잘되지 않아 경제적 능력도 상실되어 이성 간에 교제가 잘 이루어지지 않아서 결혼하지 못하고 있는 것으로 결혼을 하여도 한 자녀를 낳는 경우가 많아 미래에 저출산으로 인해 가정과 국가의 위기가 다가오고 있습니다.

먼저 청년들의 이성 간의 교제가 잘되지 않는 이유를 살펴보면 자신의 단점과 부족함을 생각하지 않고 자신만이 원하는 이상형을 찾고 상대방에게서 좋은 조건을 찾으며 경제적인 부를 기대하거나 나 자신보다 나은 이성을 만나 행복해지려는 이유 등 여러 가지 허황된 이유로 결혼이 성사가 되지 않는 것이 사실입니다.

또 동양적인 특수한 결혼 조건인 혼수 과다 요구와 혼인은 집안과 집안이 만난다는 이유 등 결혼의 발목을 잡고 있는 것이 사실입니다.

또 부모님들도 정성을 다하여 키운 자식이 좋은 사람을 만나 결혼하기를 기대하며 상대방에게 내 자녀보다는 더 좋은 조건을 내세우는 것이 문제입니다. 결혼하더라도 지금까지 부모의 과잉보호로 살아왔던 결과로 스스로 삶에 대한 해결과 경제적인 자립이 부족하고 아이를 낳아 키우는 것에 부담을 느끼거나 여러 가지 핑계로 한 자녀만 낳거나 아예 낳지 않고 사는 경우를 볼 수가 있습니다.

청년들의 자유로운 만남과 동거 등을 도와주기 위해서는 부모님들의 과거부터 계속 주장해온 자녀에 대한 결혼 관념을 모두 내려놓고 동거나 결혼의 권한을 모두 자녀에게 일임하고 간단한 조언 외에는 간섭을 금해야 하며 경제적으로 부족한 부분만 일부 지원해주어서 동거를 통한 가정과 결혼 등도 청년들이 스스로 결정하도록 해야 합니다.

청년들이 결혼을 주저하는 가장 큰 이유는 자신들이 완전한 직업이 없어 경제적인 능력이 없기 때문에 이성과 교제가 자신이 없어지고 미래 가정에 대한 자신감도 떨어져 스스로 동거가 결혼을 포기하는 것이 문제인 것입니다.

그러므로 직업 선택을 좋은 직장만 선택하려고 하지 말고 조금 더 낮게 보고 내가 잘할 수 있는 일을 선택하여 직업에 빠른 성공을 하므로 경제적으로 독립하여 연애도 하고 가정도 자신 있게 이루어야 하는 것입니다.

출산율이 2명 이상으로 높은 선진국을 살펴 볼 때 청소년들이 고등학교 졸업 후 직업 전선에 빨리 뛰어들어 경제적인 독립도 빨리하여 자유롭고 책임 있는 이성 교제를 시작하며 자신의 미래를 스스로 생각하고 고민할 수 있는 성인이 되어 부모님을 빨리 떠나 본격적으로 독립하여 자신들의 가정을 꾸미며 미래를 위해 살아가는 것입니다.

결혼이라는 거창한 관문의 경제적 낭비와 복잡한 절차를 생략하고 생활 속에서 자연스러운 만남으로 서로의 경제적이나 환경의 차이와 상관없이 사랑하는 사람과 함께 행복한 삶을 꿈꾸며 가정을 빨리 이룰 줄 알아야 합니다.

이는 우리나라 젊은 세대가 가능한 한 빨리 부모를 떠나 독립하여 스스로 미래를 개척하며 살아야 할 이상적인 방향입니다.

우리나라의 청년들이 빠른 독립적인 삶과 저출산 고령화 문제를 해결하기 위해 구색을 갖춘 결혼 절차의 틀에서 벗어나 자연스러운 이성 교제를 통해 진정한 나 자신의 주관과 개성을 찾고 이성관을 적립하여 행복한 가정을 이루기 위한 방향으로 나아가야 할 것입니다.

결론적으로 말씀드립니다.

① 사회생활의 기초가 되는 공부는 유치원에서 초등학교까지 약 10년의 공부를 중점으로 한 후 중, 고등학생이 되어 미래 먹거리가 되는 직업을 위한 공부를 전문적으로 한 다음에는 고등학교 졸업 후 60% 청년들이 조기에 직업을 선택해야 하며 대학은 공익을 위한 서비스를 담당하는 지식이 높은 인력만 양성되는 곳이 되어야 합니다.

② 남녀 청년들은 직장이나 사회생활에서 자유로운 만남으로 결혼하여 일찍이 가정을 형성하는 것이 사회적으로 비용도 적게 들고 가정을 이루는 것이 쉬우므로 국가가 적극적으로 지원하여 결혼을 통한 인구 유지 및 증가가 보편화 되어야 합니다.

③ 고등학생들이 졸업하면 60% 졸업생들이 조기 직업 선택으로 경제적 인력 낭비를 막고 성인이 되면 스스로 독립하게 하므로 경제적인 안정 속에 빠른 결혼 등으로 가정을 이루어 미래에 대한 자신감과 안정을 바탕으로 살아가도록 국가 정책이 적극적으로 변화해야 합니다.

④ 국가는 청년들이 일찍 이성을 만나 결혼하여 가정을 이루도록 예산을 우선적으로 편성하여 집중적으로 체계적인 지원해야 합니다.

⑤ 청년들의 직업에 대한 인식이 바뀌도록 기술직·기능직 등 3D 업종에 적극적으로 취업 하도록 특별 지원 및 우대를 해주고 적극적으로 홍보해야 합니다.

현대 사회에서 일반적인 젊은 청년들은 단순한 서비스 운전, 배달, 택배 등 기술 축적이 없는 직종을 근무하는 것보다 비록 기능직으로 노동을 하더라도 기술 직종을 선택하고 8시간 근무로 오후 5시 퇴근하여 여유로운 하루의 삶과 노후 정년 퇴임이 없고 건강을 유지하고 있는 한 80세까지는 일할 수가 있으며 사업으로도 발전하기가 쉬운 기능직 직종을 선택하는 것이 인생 전체를 생각하면 많이 유리합니다.

일반적인 기술의 기능직 직종이 경제적인 안정을 찾을 수 있는 것은 선진국의 경우를 보아도 자신이 좋아하는 업종을 무엇이든지 성공시키면 사업으로 발전시켜 큰 부를 누리며 평생 내 가정의 삶을 보장받아 안전하고 행복하게 살 수가 있기 때문입니다.

인구가 급감하고 있는 대한민국을 그대로 보고 있을 수는 없습니다. 따라서 정부, 부모님들, 청년, 고등학생까지도 모든 사람이 함께 풀어야 하는 심각한 문제로 인식하고 각자 할 수 있는 모든 일을 솔선수범하여 실천할 것을 부탁드립니다.

"청년들이여 내가 책임지고 살아야 할 대한민국의 미래를 위해 일어나 뛰어라."

청소년의 미래인 대한민국을 건강하고 영원하도록 다 함께 협력하여 지키도록 최선을 다하시기를 간절히 원합니다.

이 책은 비전칠드런에서 청소년들의 미래 행복한 삶을 위해 기록 하였습니다.

비전칠드런은 2011년부터 가난한 환경에 의해 사회로부터 소외된 아이들이 빈곤과 억압에서 벗어나 미래를 꿈꿀 수 있도록 교육하고, 이로 인해 빈민국 오지의 어린이들이 미래 사회의 주역으로 성장하도록 다음 세대 사회와 징검다리를 만들어주는 글로벌 NGO 단체입니다.

해외 지원 사업은 빈민국 오지 어린이들의 교육을 위하여 콩고, 시에라리온, 우간다, 탄자니아, 가나, 네팔, 방글라데시, 레바논, 미얀마, 태국, 라오스에서 구호 사업, 의약품 지원, 경제적 지원으로 어린 생명들에게 아름다운 미래를 꿈꾸게 하고 있습니다.

국내 지원 사업은 홀로 아이를 기르며 세상의 시선과 편견에 싸워야 할 미혼모와 지역아동센터, 장애인 시설과 이혼 등으로 한 부모가 된 가정과 위기가정 아동, 청소년들을 안전하게 보호하고 양육하여 몸과 마음이 건강하게 성장할 수 있도록 교육 지원과 생계에 필요한 물품을 지원하고 있습니다.

*** 이 책을 청소년들이나 청년들 젊은부부에게 선물해 주서서 밝은 미래를 열어주시고 대한민국의 인구가 줄어들지 않고 건강한 국가로 영원히 유지되도록 도와주세요. 비전칠드런이 함께 하겠습니다.

감사합니다. 사랑합니다.

(사)비전칠드런은 영동고속도로 신갈 JC에서 이천 방향 2km지점 우측 언덕 위에 우뚝 서 있으며 청소년들의 미래 상징의 건물입니다.

 사단법인 비전칠드런

청소년의 건강한 삶은
대한민국과 세상의 미래입니다.

나눔의 삶은
어려운 사람들과 함께 동행하는 삶입니다.

이 책을 구입하시면 비전칠드런에 기부가 됩니다.

경기도 용인시 기흥구 언동로 71번길 45
대표번호 1811-8361 | www.vpc.or.kr